KB160060

뒤돌아서 후회 않는
사교술

당신의 인간관계를 사소하지만 더 특별하게!

뒤돌아서 후회 않는 사교술

아돌프 F. 크니게 지음 | 차전석 옮김

상대를 이끌 것인가 끌려갈 것인가
얻을 것인가 놓칠 것인가
사람을 사귐에 흩트러짐이 없어야 한다.
사람을 얻고 놓치는 곳에 성공과 실패가 우선한다.

Where of one can not speak, there of one must be silent

말할 수 없는 것에 대해선 침묵해야 한다.

Ludwig Josef Johaun Wittgen stein

prologue

대인관계의 새로운 기초, 사교술

이 책은 출판과 동시에 독일 내외의 독자로부터 엄청난 지지를 받았다. 그것은 필자의 예상을 초월할 정도였다. 초판과 제2판은 나오자마자 전부 팔렸다. 통찰력이 있는 문예 평론가들로부터 호평을 받았다. 또한 설교가인 페스토를 필두로 많은 사람들이 설교 중에 이 책의 내용을 인용해 주었다. 그리고 이 책의 번역본도 나오게 되었다. 이 모든 일에 용기를 얻은 나는 오류를 조금씩 정정하고 필요한 첨삭 작업을 더하여 더 나은 표현법을 통해 이 책을 완벽에 가깝게 하기 위한 노력을 했다.

주의력이 깊은 독자라면 초판, 제2판과 이 제3판과 비교해 보고 내가 얼마나 많은 부분을 고쳤는지(항목의 순서를 바꾼 곳도 있고 내용을 바꾼 곳도 있다) 알 수 있을 것이다. 나는 이 책을 개정할 때

내 판단에 따라 고친 곳도 있고, 존경할 만한 몇몇 사람들의 의견을 따른 부분도 있다. 그중에서 '독일 일반 문고' 지의 제87권에 게재된 서평의 필자를 손꼽고자 한다. 그는 중용을 지키며 쉽게 납득하게 했고, 그가 엄격하게 지적한 부분을 이 책의 개정판에 적용했다.

이와 달리 충분히 생각하지 않은 무지한 비판에 대해서 나는 아무런 영향도 받지 않았다. 잘츠부르크의 평론가가 뻔뻔하게도 고발과도 비슷한 비판을 내놓았지만, 그에 대해서는 언급하지 않기로 하겠다. 한 가지, "지나치게 완벽을 추구했다."(이것은 독일의 대다수 작가들에게서 엿볼 수 있는 특징이지만)라고 하는 비판에 대하여 나는 이렇게 변명하고 싶다(단, 이러한 '완벽함의 추구' 에 관해서는 독일 이외의 논평자가 '일반 문학신문' 을 통해 나를 칭찬하고 있지만). 나는 이런 비난을 받는 것이 오히려 내게 걸맞은 처사라고 생각하고 싶다. 내 책이 어떤 가치가 있다고 한다면, 그 가치의 대부분은 바로 '완벽성의 추구' 라는 점일 것이다. 그럼에도 불구하고 내 책 속에는 아직 인생의 온갖 상황과 경우에 대한 주역과 행동방침을 전부 제공하지 못하고 있기 때문에, 이 점을 깨달은 사람이라면 누구라도 "지나치게 완벽을 추구했다."며 나를 비난하지는 않을 것이다.

이 책의 제목만 보고 단순히 대인관계의 규칙만을 적어놓은 것이라고 여기는 사람이 있다. 실제로 이 책은 도덕론의 거의 모든 영역을 다루고 있다. 이야기가 광범위하게 퍼지는 것은 피하기 힘든 일이었다. 진정한 독자들은 이 사실을 인정해 주었다.

대인관계의 규칙 속에는 인습적인 예의가 포함된 경우도 있고, 매우 위험하고 능수능란한 방법도 포함시킬 수밖에 없었다. 때문에 대인관계의 규칙은 '의무 이론'에 입각하지 않으면 안 된다. 여기서 의무란, 즉 우리가 모든 인간에게 요구하는 것이자 요구받는 것이기도 하다. 다시 말해, 대인관계의 규칙이라는 것의 기초에는 도덕과 세상의 지혜를 바탕으로 한 체계가 필요한 것이다.

이 책을 읽은 독자 중에서는 이 책 속에 '거침없이 당당한 사교술(인간 교제술)'이라는 책의 표제 범위를 초월하는 것이 포함되어 있다고 비난하는 사람이 있을지도 모른다. 어쩌면 그런 독자들에게 만약 다음과 같은 제목을 제시한다면 만족해할지도 모르겠다. '세상과 사교장에서 행복하고 만족스럽게 타인과 어울리며 살고, 이웃을 행복하고 유쾌하게 해주기 위해 인간은 어떻게 행동해야 할 것인지를 정한 규정집'. 그러나 이런 제목은 너무나 복잡하고 장황하게 느껴질 뿐이다. 따라서 나는 이 책의 제목을 고수하고 있으며, 이 점에 대해서는 독자 여러분이 넓은 아량을 베풀어주기를 바라고 있다.

이 책 속 젊은이들, 다시 말해 앞으로 세상에 나가려고 하는 대학생과 군인을 위한 규칙이 없다고 지적한 사람도 있었다. 젊은이들이 서로 같은 입장의 상대와 어떻게 교제해야 하는지에 대한 내용이 없다는 것이다. 이 점에 관해서 '뷔르츠부르크 학술신문'의 논평가가 매우 적절한 의견을 제시했다. "만약 필자가 '이것저것' 꼼꼼하게 교제의 규칙을 적고자 한다면 아마도 10권으로도 다 적을 수 없을 것이고, 비슷한 내용의 규칙을 반복할 뿐일 것이다." 나는 이 논평에 덧붙여 이렇게 말하고 싶다. 젊은이들은 아직 자신의 성격이 충분히 완성되지 않았다. 물론 그들의 개성은 실로 다양하다. 그러나 동시에 세상에 나아가 자신을 연마할 것을 진지하게 생각하고 있는 젊은이에게 서로의 개성 차이는 그다지 중요한 일이 아니므로 그 차이를 크게 신경 쓸 필요는 없다. 이 책에서는 모든 사람들의 교제에 대한 일반적 규칙뿐만이 아니라 온갖 상황에 따른 특수한 규칙이 적혀 있다. 그러므로 젊은이들이 서로 교제할 경우에도 이 규칙들에 따라 신중하고 성실하게 행동한다면 충분할 것이다.

—하노버에서.

서론

1. 빛나고 위대한 재능을 타고난 사람이 실제 사회에서는 행복을 거머쥐지 못하는 것은 왜일까?

프랑스 사람이 말하는 '재치 넘치는 예의범절'에 대하여 타인의 격식에 자신을 맞추려 하지 않는 사람이 많다. 반드시 필요한 세상의 일반상식이 결여된 사람도 많다. 자신의 주장만을 강요하는 사람도 많다. 훌륭한 의지와 소질을 타고난 사람이 반드시 행복해진다고 단정할 수는 없다. 도대체 왜일까?

남보다 뛰어나고 영리하며 사리분별력이 있는 사람일지라도 일상생활에서는 고개를 갸우뚱하게 만드는 경우가 있다. 세상풍파를 많이 겪은 사람조차 이기적인 사기에 걸려들기도 한다.

온갖 경험을 쌓아 빈틈이 없는 사람이 일상생활 속에서 빗나간 수단을 선택하는 경우가 있다. 주변 사람들에게 감동을 주려고 하다가 오히려 실패하는 경우도 있다. 사리분별력이 뛰어난 사람이 변덕스럽고 황당한 인간의 말에 속거나 자신보다 열등한 사람의 방자함에 농락당하는 경우도 있다. 어리석고 저속한 인간의 지배를 받으며 부당한 대우를 받는 경우도 있다. 반면에 정신적으로 미숙하고 열등한 인간이 현자들조차 이루기 힘든 일을 해내는 경우도 있다.

성실한 인간임에도 불구하고 세상 사람들로부터 인정받지 못하는 경우를 매우 많이 볼 수 있다.

재능이 뛰어나고 명석한 사람이 사교의 장에 등장하면, 사람들의 시선은 그를 향하며 그가 무슨 말을 하는지 주목한다. 그러나 기대와 달리 명석한 인간이 바보 같은 모습을 보이거나 입을 다물어버리고, 아니면 저속하기 짝이 없는 이야깃거리로 흥을 돋우려 하는 경우가 있다. 반면에 머리가 텅 빈 사람이 여기저기서 주워들은 어려운 수많은 단어를 서슴지 않고 떠벌리며 자신의 이야기인 양 꾸며대는 결과, 사람들로부터 주목을 받는 것은 물론이고 지식인 취급을 받는 경우가 있다.

향기가 날 것 같은 미인이라 할지라도 어디에서나 인기를 독차지하는 것은 아니다. 외모는 그다지 특출하지 않은 여성이 사람들의 관심을 끄는 경우도 있다.

나는 이러한 상황들을 보면 이런 생각이 든다. 분명 세상사에 대처할 때, 학식과 경험이 풍부한 사람이 더 서투르다고 단정할 수 없을지도 모른다. 그러나 이런 사람은 행동거지에서 무언가 부자연스러운 부분이 있어 불행하게도 관심을 끌지 못하는 경우가 많다. 재치 넘치는 사람은 분명 선천적으로 여러 가지 장점을 갖추고 있다. 그러나 어떻게 하면 남의 마음에 들지, 어떻게 하면 자신을 빛나게 할 수 있을지를 제일 모르는 사람이 바로 이런 부류의 사람들이다.

신분이 높은 사람 중에서도, 낮은 사람 중에서도 어리석은 사람은 있다. 현자라면 어리석은 자들의 눈치를 살피는 일은 하지 말아야 한다. 그러나 여기서는 그것을 화제로 삼지 않기로 하겠다. 자신을 이해해주는 사람이 주변에 없을 때, 탁월한 사람이라면 자신을 감추고 입을 다물기 마련이다. 능력이 있는 사람은 깊이가 없는 사람들이 있는 곳에 갔을 때 일부러 자신을 낮추며 광대 역할을 자청하지는 않는다. 위엄이 있는 성격을 가진 사람이라면 높은 자부심이 있기 때문에 저속한 사교 모임에 가더라도 자신의 본성을 버리면서까지 주변의 분위기에 맞추려 하지 않는다. 그런 사람은 경박한 젊은이가 외국 여행에서 들여온 최신 유행에 동조하지 않는다. 또한 사교계에서 인기를 끌고 있는 창부가 가볍게 던진 최신 유행, 가구와 세간, 유행가 등에도 참견하지 않는다. 최근 젊은이 중에서는 자기중심적이고 말로만 떠벌이는 수다쟁이가 많다. 그러나 행동거지가 바르고 점잖으며 조용한 청년도 있다. 품위 있는 인간은 총명하면 할수록 한층 더 신중하다. 자신의 지식이 옳은 것인지에 대하여 항상 의문을 품으며 강요하지 않도록 행동한다. 훌륭한 재능이 있다고 자각하고 있는 사람은 재능이 풍부할수록 오히려 사리사욕을 위해 자신의 재능을 악용하지 않는다. 진정한 미인은 아양을 떠는 저속한 농간(이렇게 높은 사람의 마음을 사로잡으려 한다)을 경멸한다. 지금까지 말한 것은 너무나도 당연한 일이기 때문에 이 책에서는 굳이 다루지 않으려 한다.

자신의 요구만 내세우며 끝없이 남에게 대접을 받지 못하면 참지 못하는 사람이 있다. 그들은 남이 상대를 해주지 않으면 비탄에 잠기고 만다. 이러한 부끄러운 자기애에 대해서 나는 이 책에서 다루려 하지 않는다. 또한 학식을 뽐내는 학자들의 병적인 우쭐함에 대해서도 말하지 않겠다. 그들은 자기 자신을 '지상의 빛' 으로 세상에서 인정받고 있다고 착각하며 소중한 존재로 대접받아야 마땅하다고 믿고 있다. '계몽이라는 이름의 빛을 갈구하며 모든 사람이 자신을 찾아오고 있다.' 고 믿고 있다. 그러나 자신이 믿는 대로의 일이 일어나지 않으면 불행하게 여기며 정말이지 분한 표정을 짓는다. 교수는 근엄한 표정으로 강의 개요집을 손에 들고 먼지투성이 교단에 나타난다. 강의 내용을 들어보면 아직 털도 나지 않은 어린 학생들에게 큰 소리로 장황하게 지혜를 들려준다. 반년마다 반복하는 따분한 농담조차 어린 학생들은 꼼꼼히 받아 적고 교수 앞에서는 모자를 벗어 경의를 표한다. 훗날 나라의 입법에 관여할 정도로 출세한 과거의 많은 제자들이 일요일마다 근엄한 정장을 입고 교수의 집을 찾아가 경의를 표한다. 그러나 이런 교수들도 다시 수도나 자신의 출신지 이외의 도시로 가면 불행하지만 아무도 그 사람의 이름을 알지 못한다. 20명 정도가 모이는 작은 모임에서도 완전히 무시당하는 경우가 있다. 아니면 다른 지역 출신의 사람들로부터 그 집의 집사로 오해를 사, 교수는 분한 마음을 가누지 못해 불쾌한 감정을 얼굴에 드러낸다. 이런 교수들에 대해서도 다루지 않겠다.

세상물정에 어둡고 상식이 부족하여 인간이 어떤 존재인지도 모른 채 그저 책밖에 모르는 사람들도 있다. 산처럼 쌓여 있는 책 속에서 벗어나면 외출을 할 때 어떤 복장을 해야 하는지도 몰라 결국 30년 전에나 유행했던 아버지의 유품인 신랑 복장을 하고 의젓하게 앉아 있지만, 주변 사람들의 이야기를 전혀 이해하지 못하기 때문에 이야기의 실마리조차 파악하지 못하고 있다. 나는 앞에서 말한 것들에 대해 이 책에서 다루지 않을 것이다. (아마도 책의 이 부분이 신경에 거슬렸던 것 같다.) 아무개 씨가 이 책 초판에 대하여 다음과 같은 서평을 적어 보냈다. “그럴 수 있다면 나도 남의 신경을 거슬리게 하는 글을 아무렇지 않게 쓰고 싶다.” 어쩌면 맞는 말일지도 모른다. 인간의 풍속을 묘사하는 책은 대학 교과서처럼 딱딱한 방식으로 쓸 수 있는 것이 아니다. 대학 교과서가 신경에 거슬리는 사람은 아마 없을 것이다(진정한 취미, 건전한 이성, 체계 우호적 정신을 가진 현학자들은 다르지만). 그러나 인간의 풍습을 논하는 책을 쓰고자 한다면 모든 사람의 마음에 들게 하는 것은 불가능하다. 인간의 어리석은 풍습을 묵묵히 바라보기만 할 수는 없는 일이다. 어리석은 인습에 젖어 있는 사람이 정곡을 찔리게 되면 큰 소동을 일으키게 된다. 예를 들어 내가 어느 대학 교수에 대하여 ‘서재와 상아탑(본인은 그 속에서 자신이 세상에서 찬란히 빛나는 빛을 소유하고 있다고 믿으며 말씀하고 있지만)으로부터 한 발짝만 나오면 비참한 꼴을 당하게 될 것이다.' 라고 적는다면—감히 말하건대—이런 교수님들이 이 책을 읽고 화가 나, 아니 화가 머리끝까지 치밀어 악의에 찬 글을 발표하는 것이다. 그런 서평을 발표했다고 해서 이 책의 가치가 떨어지는 일은 결코 없을 것이다. 앞의 서평에는 한 곳이 특히 악의로 가득하다. 나는 그것을 편안한 마음으로 넘길 수만은 없다. 한 훌륭한 평론가는 내가 틀렸다며 이런 서평을 했다. "가능하다면 나도 근엄한 도덕과는 거리가 먼 이런 지침서를 쓰고 싶다." 이런 글을 쓰는 사람에게 제발 부탁하고 싶다. 대중의 면전에서 나를 비방하고 싶다면 증거로 제시하고 싶은 곳을 이 책은 물론이고 내가 이전에 썼던 모든 책에서 인용하여 제시해 주어도 상관이 없다고.

그와 마찬가지로 야만적인 원시생활주의자들에 대한 이야기도 하지 않는다. 그들은 미개인의 생활방식이 최고라 여기며 인간이 서로 쾌적한 사회생활을 하기 위해 필요한 온갖 규칙을 경멸한다. 또한 자신이야말로 습관과 예의범절과 사리분별력을 초월한 존재라고 착각하고 있는 인간—자신에게는 그런 특허가 주어졌다고 착각하고 있는 천재적인 인간—에 대해서도 다루지 않는다.

매우 총명하고 영리한 사람조차 세상이라는 곳, 사교 모임, 혹은 이익과 명성에 관련된 장소에서는 그 목적을 달성하지 못해 행복을 얻는 것에 실패한다. 그렇다고 해서 나는 결코 선량한 사람에게 비열한 처세술에 능숙한 자 밑에 설 각오를 하라고 하는 것은 아니다. 훌륭하게 품위 있는 성품을 가진 사람이 쉽게 흥분하는 사람과 대인관계가 원만하지 않은 사람 때문에 암담한 기분이 드는 것이 어쩔 수 없는 일이라고 주장하는 것도 아니다.

아니, 내가 이 책에서 고찰 대상으로 삼고 싶은 인간은 이런 타입의 인간이 아니다. 오히려 선량한 의지와 진심을 가진 사람, 그뿐만이 아니라 다양하고 뛰어난 성품을 익혀 세상에서 성공하고, 또한 타인과 자신의 행복을 위해 열심히 노력을 기울이며 타인으로부터 오해를 받거나 무시를 당하며 무엇 하나 성공하지 못한 사람, 그런 사람이다. 어째서 그런 일이 일어나는 것일까? 대체 이 사람들에게는 무엇이 부족하고 다른 타입의 인간(진정한 성실함이 없음에도 불구하고 그들은 세상에서 착실하게 인간적 행복의 계단을 오르고 있다)에게는 갖춰져 있는 것일까?

내가 이 책에서 고찰 대상으로 삼고자 하는 타입의 사람들에게 부족한 것은 프랑스인들이 말하는 '재치 넘치는 예의범절', 다시 말해 사교술이다. 사교술이란 자칫하면 지성적인 인간, 총명하고 재치 있는 인간보다도 무학의 인간이(누구에게도 배운 적이 없지만) 훨씬 더 능숙하다. 사교술을 익히면 세상 사람들의 이목이 집중되면서 훌륭한 인물로 통용되어 남들의 원망을 사는 일도 없다. 사교술을 익히면 자신의 마음을 배신하는 일도 없고 타인의 마음과 사고방식, 기호에 맞춰줄 수 있다. 그 어떤 사람들의 모임이라 할지라도 여유로운 마음으로 대화의 보조를 맞출 수 있다. 또한 자신다움을 잃는 일도 없고 저속한 아부를 할 필요도 없다. 이렇듯 행복한 자질을 선천적으로 타고나지 못한 사람은 반드시 인간 연구에 전

념해야 한다. 몸에 익혀야 할 것은 유연성, 사교성, 양보심, 인내, 만일의 경우 자신의 격정을 억누를 수 있는 힘, 자신을 관리할 능력, 그리고 마지막으로 항상 변하지 않는 안정된 감정에서 우러나는 명랑한 마음이다. 이런 마음을 유지한다면 누구나 인간 교제의 기술을 언제라도 활용할 수 있는 것으로 만들 수 있을 것이다. 그러나 조심해야 할 것이 있다. 사교술이라는 것을 오해하여 마치 노예처럼 비열해지거나 수치스럽고 열등한 추종의 마음에 물들어버리면 안 된다. 아무 말이나 듣고 따르며 먹고 살기 위해 악당에게조차 충성을 맹세하고, 보수를 얻기 위해서라면 부정에 눈을 감고, 사기에 가담하고, 우행을 찬미하는 노예근성에 물들어서는 안 된다.

'재치 넘치는 예의범절' 이라는 것은 우리에게 어떤 종류의 사람과 교제할 경우라도 지침을 제시해 준다. 나는 이 재치 넘치는 예의범절에 대해 말하고자 한다. 나는 관혼상제의 지침서 같은 책을 쓰려고 하는 것이 아니다. 오히려 짧다고 할 수 없는 내 인생의 세월 속에서 스스로 축적한 온갖 경험을 통해 몇 가지 결론을 내리고자 한다. 나는 내 삶의 세월 속에서 온갖 종류, 온갖 계층의 인간과 교류를 하면서 그들의 행동을 유심히 관찰해 왔다.

이 책은 완벽한 이론집이 아니다. 오히려 단편 모음집이다. 어쩌면 독자 여러분의 꾸중을 들을 만한 재료를 다루고 있을지도 모른다. 이 책은 독자 여러분이 더 많은 생각을 할 수 있는 하나의 토대인 것이다.

2. 무슨 자격으로 내가 사교에 대한 문제를 논하는 것일까?

내가 논하고자 하는 것은 사람에게 적응하는 기술에 대한 것이다. 그런데 과연 내게 프랑스인들이 말하는 '재치 넘치는 예의범절' 에 대한 글을 쓸 자격이 있는 것일까? 어쩌면 나 자신 또한 인생에 있어서 구체적으로 이 '재치 넘치는 예의범절' 을 활용한 적이 별로 없을지도 모른다. 인간에 대한 온갖 지식을 쓰는 것이 과연 내게 용납될 수 있을까? 나는 풋내기 시절에 건방지게도 사교세계에 빠졌다가 호되게 당한 적이 있을 정도이다. 지금은 인간과의 교류를 멀리하는 삶을 살고 있는 내게서 사교술을 배우길 희망하는 사람이 과연 있을까? —이러한 의문에 내가 어떤 해답을 내릴지를 부디 독자 여러분이 지켜봐주기를 바란다.

나는 힘든 경험을 한 적이 있다. 재능이 뛰어나지 않다는 것은 스스로 충분히 잘 알고 있다. 그렇기 때문에 오히려 남에게 조언을 하기에 어울릴 것이다. 위험을 경험한 사람이야말로 가장 적확하게 타인에게 위험을 경고할 수 있는 것이 아닐까? 내게는 열정과 유연함(혹은 이것을 쉽게 상대와 친해지려 하는 심리적 능력이라고 할 수 있을지도 모르겠다), 애정과 우정에 대한 동경, 타인을 위해 봉사하여 공감을 얻고자 하는 마음이 있었다. 때문에 나는 종종 실수를 범하거나 정신이 딴 데 팔려 냉정하게 계산된 행동을 하지 못한 경우가 있었다. 다시 말해 내가 실패한 것이 어리석었기 때문, 근시안적이었기 때문, 혹은 인간에 대해 잘 몰랐기 때문이 아니었다. 오히려 서로 사랑을 주고받고자 하는 욕구가 너무 강했고, 타인을 위해 행동하고자 하는 갈망이 지나치게 강했기 때문이었다.

그런데 나는 약 20년 동안 다양한 사람들과 여러 관계를 맺으며 수많은 교류의 기회를 얻었다. 이렇게 짧은 기간 동안에 이렇게 많은 교제를 한 인간은 아마도 그리 많지 않을 것이다. 온갖 교류 경험이 있는 사람은—보통의 능력이 있고 보통의 교육을 받았다면—사람들에게 주의를 재촉하거나, 아니면 자신이 피할 수 없었던 온갖 위험을 피하도록 타인에게 경고할 기회를 얻게 된다. 나는 지금 세상에서 벗어나 고독한 삶을 살고 있다. 그러나 그것은 내가 사람을 싫어하거나 겁쟁이이기 때문이 아니다. 나름대로 중요한 이유가 있기 때문에 여기서 장황하게 늘어놓는다면, 그것은 나에 대한 수다에 불과할 것이다. 안 그래도 이 책의 서문 끝맺음에 내 경험 몇 가지를 적어야 하기 때문이다. 그럼 본론에 들어가기 전에 조금 더 내 경험에 대해 전하기로 하겠다.

3. 나 자신의 경험에 대하여

아직 철부지라 해도 좋을 정도로 젊은 시절부터, 나는 귀족들의 세계를 들락거리며 궁정이라는 무대에 얼굴을 비쳤다. 나는 밝고 활발하며 활동적이었다. 내 피는 뜨겁게 이글거렸다. 어릴 적부터 사람들은 나를 어리지만 하나의 완성된 인격체로서 매우 조심스럽게 대해 주었다. 때문에 나는 사람들로부터 이런저런 배려를 받는 것에 익숙해져 있었다. 내가 태어나고 자란 지방은 자유로운 분위기였다. 아부를 하거나 자신의 진짜 모습을 타인에게 감추며 비굴한 태도를 보이는 모습은 거의 찾아볼 수 없었다. 전제군주가 지배하고 있는 곳에서는 빈틈없는 태도를 취하지 않는다면 번영의 길은 걸을 수 없다. 그런데 내가 자란 환경은 전혀 그렇지 않았기 때문에 나는 빈틈없는 태도라는 것을 익히지 못했다. 그리고 설령 세상을 헤쳐 나가는 기술을 젊은 시절에 머리로 기억했다고 해도 실제로는 거의 도움이 되는 일이 없었고, 이 또한 위험성이 전혀 없는 것은 아니다. 스스로 이런저런 경험을 해야 비로소 최선책을 강구할 수 있게 되는 것이다. 다행히 그런 경험을 쌓을 수 있다면 그것을 통해 배운 것은 매우 유익하고 의미 있는 결과로 이어질 수 있고 마음 깊이 각인되기도 한다.

또 한 가지 떠오르는 일이 있다. 나는 이 사건 덕분에 한동안 모든 일에 있어서 주의를 하게 되었다. 그 사건은 바로 이랬다. 나는 C시의 이탈리아 오페라 극장 박스석에 갔다. 나는 궁정의 사람들보다 일찍 도착했다. 왜냐하면 그날 점심에 나는 궁정에서 식사를 하지 않고 마을의 손님으로서 식사 초대를 받았기 때문이다. 오페라 극장에는 아직 사람들이 거의 오지 않았다. 특별석에 단 한 명, 지방의 부대장 J 백작밖에 없었다. 실제로는 그리 늦은 시간이 아니었지만 품위 있는 이 노인은 시작 시간이 거의 다 된 것으로 착각한 것 같았다. 따분해하던 백작은 내가 혼자 앉아 있는 것을 보고 내게로 다가왔다. 그리고 나와 이야기를 시작했다. 나는 내가 알고 있는 것들을 주제로 이런저런 대화 상대를 해주었다.

백작은 꽤나 만족스러운 듯 보였다. 백작은 조금씩 허물없는 태도로 응해주기 시작했다. 나는 흥이 난 나머지 이야기가 과해져 결국 약간 남의 흉을 보고 말았다. 지금은 무슨 말을 했는지조차 기억이 잘 나지 않지만, 어쨌거나 결국 엄청난 실수를 저지르고 말았다. 백작은 내 얼굴을 뚫어져라 바라보았다. 그리고 단 한마디 말도 없이 자신의 자리로 돌아가 버렸다. 나는 이런 식의 질책을 당하고 큰 충격을 받았다. 그러나 충격요법은 그리 오래 가지 않았다. 나는 양극단으로 치우치기 쉬운 성격이었기 때문에 그 태도는 오래 가지 못했다. 나는 매사에 성급하게 일을 처리했다. 내가 벌인 일은 항상 지나치거나 부족했다. 내가 도착하는 것은 너무 이르거나 아니면 늦었다. 내가 하는 일이라고는 어리석은 일을 저지르는 것이거나 아니면 그로 인한 사과였다. 내가 하는 모든 일은 끝없이 모순의 연속이었다. 거의 대부분의 경우 내가 바라던 목표에 도달하지 못했다. 간단하게라도 처음부터 계획을 바로잡아야 했지만 너무나도 태만했다.

나는 처음부터 무감각하고 노골적이었다. 조심성 없는 실수를 저지르고는 반격을 당했다. 나는 조금씩 세련된 궁중의 사람이 되고자 조심했다. 그러자 부자연스러운 언행으로 인해 오히려 높은 분들의 신용을 잃고 말았다. 지나치게 빈틈없이 행동하려고 하다가 주변 사람들의 신뢰를 잃고 자존심과 독립심과 명성을 잃고 말았다. 타인에 대해서나 자신에 대해서도 싫증이 나버린 나는 세상으로부터 도망쳐 사람들 앞에 나서지 않게 되었다. 이것은 내 평판을 높여주는 계기가 되었다. 마치 진귀한 것을 찾아다니듯이 사람들은 나를 찾기 시작했다. 그러자 내 마음속에는 다시 사람들과 교류하고 싶다는 충동이 일어났다. 나는 사람들과 어울리며 온화한 태도로 행동했다. 그러자 세상에서 벗어나 은둔생활을 했다는 이유만으로 내 뒤에 빛나던 후광은 사라져버렸다.

어리석은 일을 저지른 사람들을 농담 삼아 닥치는 대로 흉을 보았던 시기가 있었다. 사람들은 나를 두려워했지만 사랑하지는 않았다. 내 마음은 상처를 입었다. 나는 사람들과의 관계를 개선하기 위해 나의 부드러운 면을 보여주려 했다. 남의 마음에 상처를 주거나 궁지로 몰지 않고 선의의 부드러운 마음을 표현하려고 했다. 그 결과—내게 조금이라도 원한을 품고 있었던 사람, 혹은 내 이야기를 재미있게 들어준 사람도 모두 나를 상대조차 하지 않게 되었다. 다시 말해 사람들은 내 손에 쥐어진 칼날이 날카롭지 않아 사람을 죽일 수 있을 정도로 예리하지 않다는 것을 눈치 챈 것이다.

쾌활한 사람들이 박수갈채를 보내준 덕분에 나의 비아냥거림은 더 증폭되기도 했다. 그럴 때 나는 상대를 가리지 않고 닥치는 대로 공격을 퍼부었다. 경박한 사람들을 즐거워해 주었다. 그러나 현명한 사람들은 고개를 내저으며 나를 차갑게 대했다. 내 본성에 악의가 있는 것이 아니라는 것을 보여주기 위해 남의 흉을 보는 것을 그만두었다. 그리고 내 잘못에 대하여 사과했다. 그러자 어떤 이들은 나를 소심한 겁쟁이라고 놀렸고, 또 다른 사람들은 위선자라고 했다. 총명하기로 평판이 높은 사람들과의 교류를 추구한 적도 있다.

그러나 그들은 권력을 쥔 어리석은 자들이었기 때문에 나는 그들로부터 아무런 도움도 받을 수 없었다. 신분이 매우 낮은 사람들 속에 끼어든 적도 있었다. 그러자 다른 사람들은 나까지도 신분이 낮은 사람으로 여겼다. 교육도 받지 못하고 신분도 낮은 사람들을 너무 가까이 하면, 그들은 나를 이용하려고 했다. 신분이 높은 사람들에게 가까이 다가가면, 그들은 내 자존심을 모독하여 마음에 상처를 주었다. 어리석은 자들에게 지나치게 열등감을 느끼게 하여 박해를 받기도 했다. 반대로 지나치게 신중한 행동 때문에 사람들의 시선에서 벗어나기도 했다.

세상 사람들의 습관을 익히고 아무리 따분한 사교 모임의 규칙이라도 내 것으로 만들려 한 적도 있었다. 그 결과 나는 소중한 시간과 현자로부터의 존경과 나 자신에 대한 만족감을 잃고 말았다. 때문에 나는 소박하게 행동하기로 결심했다. 그러나 원래는 제대로 된 역할을 할 수도 있고, 또한 그 역할을 해내야 하는 상황에서도 나는 하찮은 역할밖에 할 수 없게 되었다. 나 자신에 대한 신뢰감의 결여 때문이었다. 한동안 나는 거의 외출을 하지 않았다. 사람들은 나에 대하여 사람을 싫어하는 고독자로 여겼다. 또 다른 시기에 나는 여기저기에 얼굴을 내밀었다. 사람들은 나를 보고 '또 저자야!'라는 표정을 했다.

소년 시절 나는 경솔하게도 나를 친구라 부르며 호의를 보여주는 친구들만 성실하게 대했다. 다른 친구에게는 눈길도 주지 않았다. 그러나 나는 종종 심한 배신을 당하면서 달콤했던 시기는 깨지고 말았다. 나는 누구와도 친구가 되고, 누구에게나 봉사하기로 결심했다. 그런데 내게 허심탄회하게 마음을 털어놓는 사람은 아무도 없었다. 우정을 조금씩 모든 사람에게 나누어주는 사람을 좋아하는 사람은 결코 없기 때문이었다.

기대가 클수록 그 기대는 항상 배신을 당했다. 우정과 성실함과 같은 것을 전혀 믿지 않게 된 시기에 나는 사람들과 교류를 해도 전혀 즐겁지 않았고, 아무에게도 관심이 없었다. 어쨌거나 나는 원래 조심스럽게 감춰야 할 자신의 약점을 신중하게 감추었던 적이 단 한 번도 없었다.

그렇게 세월이 흘렀다. 조금만 더 신중하게 행동했었다면 사람들이 흔히 '행복'이라 부르는 것을 손에 넣을 수 있었을 텐데. 이제 나는 인간이란 어떤 존재인지 충분히 알게 되었고 온갖 경험도 쌓았다. 그 덕분에 나는 눈을 뜨게 되었고 신중하게 행동하게 되었으며, 주변 사람들을 감화시키는 기술을 터득할 수 있게 되었다. 그러나 정작 내가 내 지식을 실제로 응용하기에는 이미 늦었다. 온몸이 떨려 인사를 하는 것조차 힘들 정도이다. 낭비하며 지낼 시간이 내게는 거의 남아 있지 않다. 사교술을 구사하여 내 인생의 남은 순간을 보낸다고 해도 얻을 수 있는 것이 거의 없다. 그런데 힘을 쓰는 것은 지금의 내게 어울리지 않는다. 나이를 먹고 경험을 쌓아 삶의 방식이 고정된 인간이 이제 와서 붙임성 있게 행동하는 것은 늙은이가 정력을 자랑하는 것과 마찬가지로 어울리지 않는 일이다.

내게는 이제 너무 늦은 일이다. 그것은 사교술을 나 스스로 응용하는 것이 이제 늦었다는 의미이지만, 젊은이들에게 어떤 길을 가야할지 가르치기에는 아직 늦지 않았다.—그럼 이제 나는 글로써 사교(교제)란 무엇인가에 대하여 밝혀 나가기로 하겠다.

c o n t e n t s

제1장

사교술에 대한 일반적 규칙과 주의사항

사람은 세상 속에서 자신을 연출해야 한다

세상에서 버젓한 인물로 통용되고 있는 사람은 그 나름대로 자신을 연출하고 있다. 이것은 하나의 격언이다. 프랑스인들이 말하는 '재치 있는 예의범절'을 익히기 위한 책의 주제, 다시 말해 세상에서 목적을 달성하기 위해서는 어떤 수단을 이용해야 하는 것인가에 대하여 서술한 책의 주제는 '자신을 어떻게 연출할 것인가?' 인 것이다. 이 격언이 옳다는 것은 모든 시대의 경험을 통해 잘 알려져 있다. 이 경험을 이용하여 떠버리 투기꾼이 사람들 앞에서 마치 중요한 인물인 양 연출할 수 있다. 투기꾼은 군주와 정치가와 연줄이 있다고 떠벌리지만 군주와 정치가는 그런 사람이 있는 것조차 알지 못한다. 그러나 그 허풍이 교묘하다면 적어도 상류 명문가를 들락거리며 식사 초대 정도는 받을 수 있게 된다.

나는 과거 황제와 카우니츠 후작(Wenzel Anton Graf von Kaunitz:1711~1794. 오스트리아의 재상)으로부터 후한 대접을 받고 있다고 떠벌리는 남자를 만난 적이 있다. 단언하건데 황제도 카우니츠 후작도 이 사내의 이름조차 들은 적이 없을 것이다. 그러나 '수상한 비방의 글을 썼던 그 남자' 라는 이야기를 들으면 짐작 가는 곳이 있지 않을까? 어쨌거나, 아무도 그를 깊이 의심하는 사람도 없었기에 순식간에 그는 꽤나 명성이 자자했다. 황제에게 진정을 하고 싶은 사람들이 매일같이 그를 찾아갔다. 그러자 그는 겁이 없이 빈(당시에는 신성 로마 제국의 수도였다)의 거물에게 편지 한 통을 보냈다. 편지에는 '나는 빈에서 고귀한 분들과 굳은 교류관계를 유지하고 있습니다.' 라고 적었다. 그러면 진정의 목적은 달성하지 못하더라도 정중한 회답을 받는 영광을 간단히 누릴 수 있었다. 이것은 그의 명성을 더 높여주고 말았다.

모든 것을 다 알고 있는 듯한 표정을 하고 있었지만 실제로는 전혀 모르는 사람이 있다. 그런데 그는 불과 1시간 전에는 들어보지도 못한 일에 대하여 대담하고도 결정적인 한마디를 내뱉는다. 자신을 연출하는 기술을 응용한 덕분이다. 이 사내가 단언하는 모습은 박력이 넘치기까지 한다. 그 자리에 전문가가 함께 있더라도 내성적인 성격이라면 도저히 반론이나 질문을 할 수 없을 정도로 박력이 넘쳤다. 원래라면 아는 척하며 떠벌리는 공허한 메아리를 잠재울 수 있는 것은 전문 지식을 가진 사람인데도 말이다.

출세욕이 많은 어리석은 사람이 자신을 연출하는 지혜를 응용한다면 국가 제일의 지위에 올라 유익한 인물을 몰아내고 유아독존의 상태로 꾸미고 만다.

아무 도움도 되지 않는 가짜 천재와 재능도 지식도 없는 인간, 과장된 허풍쟁이가 귀인들 사이에 끼어 없어서는 안 될 사람으로 통하고 있다. 이 또한 자신을 연출하는 지혜 덕분이다.

학자와 음악가, 화가의 명성을 결정하는 대부분은 자신을 연출하는 지혜가 있느냐 없느냐에 달렸다.

자신을 연출하는 지혜를 응용하여 외국의 어떤 예술가는 한 작품에 금화 백 냥을 보수로 요구한다. 독일 예술가의 작품이라면 그보다 훨씬 뛰어난 작품이라도 10분의 1 가격에 팔린다. 그런데 외국인 작품이라는 소리만으로 독일인은 앞 다퉈 작품을 구매한다. 쏟아지는 주문을 처리하지 못해 결국이 외국인 예술가는 독일 예술가에게 하청을 준다. 그것을 마치 배를 타고 건너온 작품인 양 팔아치우는 것이다.

자신을 연출하는 지혜를 응용함으로써 그 작가는 자신에게 유리한 평론을 받게 된다. 그는 장황하게 긴 작품 2부 앞머리에 서문을 단다. 지식인과 학자들이 1부를 칭찬해 주었다며 부끄러운 줄도 모르고 자신의 주장을 펼친다(사실 그 지식인과 학자는 평소에 잘 아는 사이였던 것이다).

방탕한 생활로 파산한 귀족이 돈을 빌리고 싶지만 갚을 방법이 없다. 그는 처세의 지혜로 용기를 얻어 고리업자에게 돈을 빌리러 간다. 그는 속아서 돈을 가지고 도망치게 해 주는 것이 오히려 고리대금업자의 명예가 될 것이라고 주장이라도 하듯이 뻔뻔한 태도를 취한다.

보호나 후원자를 구할 때, 자신을 연출하는 태도로 부탁을 하면 길이 열리면서 거절을 당하지 않는다. 우물쭈물 소심한 태도로 부탁을 하면 대부분은 업신여기거나 거절을 당하고 만다. 정당한 부탁조차도 받아들여지지 않는다.

처세의 지혜를 응용한 덕분에 주인에게 중용되는 기술을 하인이 알고 있다. 도움을 받는 사람이 자선가로부터 귀한 대우를 받는 기술을 알고 있다. 이렇게 모든 도움을 주고 있는 쪽의 사람이 도움을 받는 인간과 교제할 수 있는 것을 행복하게 여기게 되는 것이다.

요컨대, '인간의 가치는 그 사람이 자신을 어떻게 연출할지에 따라 결정된다. 그 이상도 그 이하도 아니다.' 라고 하는 처세의 교훈은 모험가, 자만가, 허풍선이, 경박한 사람 등이 이 세상에서 성공하기 위한 만능약인 것이다.—나는 독자 여러분에게 만능의 묘약을 주는 척하면서 체리나무 씨앗을 주는 등의 일은 하지 않는다.—그러나 이 처세술이 과연 인간에게 유해무익한 것일까? 독자 여러분, 이 처세술 속에는 우리에게 가르쳐 주는 것이 있다. 이것은 자신의 경제적, 물질적, 도덕적, 그리고 지적 결점을 필요에 따라 감추는 기술이다. 자랑을 일삼거나 저속한 거짓말을 할 만큼 타락해서는 안 된다. 그러나 자신의 뛰어난 측면을 보여줄 기회가 있다면 그 기회를 놓치지 않는 것이 중요하다.

물론 그럴 경우에도 조잡한 방법을 써서는 안 된다. 성급하게 행동하여 남의 눈에 거슬리는 방법을 써서는 안 된다. 그러면 오히려 잃는 것이 더 크다. 당신을 보고 '처음 만났을 때의 인상보다 훨씬 더 많은 것이 이 사람에게 잠재되어 있을지도 모른다.' 라고 상대가 생각할 수 있도록 행동하는 것이 중요하다. 지나치게 훌륭한 방패를 가지고 있으면 오히려 적의 눈에 띄기 쉽다. 사람이라면 누구나 약간의 결점은 가지고 있다. 그런 사소한 결점을 찾아내려고 하는 사람도 있다. 남의 눈에 잘 띄는 장점을 가진 사람은 그만큼 상대가 결점을 파고들기 쉽다. 자기 자신의 존엄성에 대한 조심성을 유지하면서 자신을 겉으로 드러낼 필요가 있다. 특히 당신의 얼굴에서 진실과 성의의 빛이 드러날 수 있는 방법으로 자신을 드러내라. 필요할 때는 분별력과 지식을 겉으로 드러낼 필요가 있다. 그러나 지나치면 질투의 대상이 되기 십상이다. 너무 많은 것을 보여주어 당신이 무언가를 바라고 있다는 오해를 받지 않도록 해야 한다. 반대로 너무 적게 보여주면 무시를 당하거나 잊어지지 않도록 주의해야 한다. 남들 앞에 자주 나서지 말 것. 그러나 이상한 사람이라는 오해를 받지 않도록 할 것. 지나치게 내성적이라거나, 거만한 인간이라는 오해를 받지 않도록 조심하지 않으면 안 된다.

완전성의 겉모습을 추구해서는 안 된다

완전한 인간이 되려고 노력하라. 그러나 누가 보더라도 완전무결한 사람처럼 겉으로 드러내서는 안 된다. 인간이란 당신이 거만한 태도를 취하는지 항상 지켜보고 있다. 설령 당신이 거만한 태도를 취하지 않더라도 상대는 당신의 태도에 대하여 이리저리 비평하기 마련이다. 그것은 어쩔 수 없는 일이다. 당신의 아주 사소한 실수를 하더라도 남들은 이렇게 말한다. "이런 자는 결코 용서할 수 없어." 비굴한 인간은 완전무결한 겉모습을 보이는 사람에게서 결점을 발견하면 마치 귀신 머리라도 잡은 듯 기고만장하며 소동을 벌이기 마련이다. 다른 사람이 실패나 어리석은 행동을 반복하면 그다지 관심이 없지만, 당신이 단 한 번 실수를 하기만 해도 사람들은 당신의 실수를 다른 사람의 실수 전부보다 혹독하게 비평하기 마련이다.

남의 의견의 노예가 돼서는 안 된다

타인의 의견의 노예가 돼서는 안 된다. 자립하라. 자신이 해야 할 일을 제대로 하고 있다면 세상의 평판이 어떻든 간에 결국 당신은 후회하지 않을 것이다. 팔방미인으로 겉모습을 꾸민다고 무슨 가치가 있겠는가? 처세에 능숙하기 위해 겉모습만을 꾸미는 것은 마치 천박한 마음에 번쩍이는 황금 옷을 입히는 것과 같다.

타인의 결점을 폭로해 서는 안 된다

자신을 높여 보이기 위해 비열한 방법으로 타인의 결점을 폭로해서는 안 된다. 타인의 결점과 실수를 폭로하여 상대를 짓밟고 자신을 높이려고 해서는 안 된다.

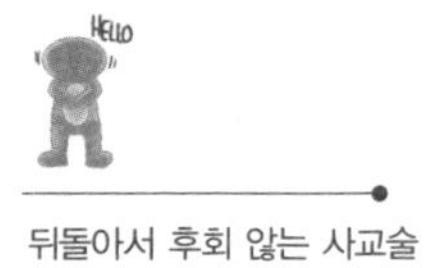

남의 권위를 믿지 마라

남의 실적을 자신의 실적인 양 떠벌려서는 안 된다. 당신이 지위가 높은 사람과 함께 있을 때, 사람들은 당신에게도 경의를 표하는 경우가 있다. 당신은 그것을 자랑해서는 안 된다. 오히려 신중하게 '높은 사람이 없이 혼자 있었다면 사람들이 내게 경의를 표하지 않을 수도 있다.' 라고 생각해야 한다. 세상 사람들이 당신의 가치를 인정할 수 있도록 충분히 노력해야 한다. 태양빛에 반사되어 빛나는 달이 되어서는 안 된다. 혹성의 주변을 도는 위성이 되지 마라. 오히려 작아도 좋으니 스스로의 빛으로 어두운 거리를 비추는 등불이 되어야 한다.

자신의 괴로움을 겉으로 드러내서는 안 된다

무언가 부족하여 고통과 불행을 겪고 있거나, 또는 분별력과 신념과 완고한 의지가 충분하지 않아 매우 힘든 상황에 처하는 경우가 있다. 그럴 때일수록 당신을 도와줄 수 있는 사람에게만 괴로움을 털어놓아야 한다. 만약 사랑하는 아내라고 할지라도 당신을 도울 수 없는 상황이라면 아내에게조차 괴로움을 토로해서는 안 된다. 당신의 괴로운 마음을 받아들일 수 있는 사람은 매우 적다. 대부분의 사람은 당신의 고민을 무겁게 느낄 뿐이다. 행운의 여신이 더 이상 당신에게 미소를 지어주지 않으면 많은 사람들이 당신 곁을 떠나기 마련이다. 당신에게 구원의 손길이 없다는 것, 아무도 당신을 진심으로 응원하지 않는다는 것, 당신을 도와줄 사람이 전혀 없다는 것을 사람들이 알게 되었을 때, 당신은 오히려 아무에게도 의지하지 말아야 한다. 세상으로부터 버림받은 사람에게 홀로 굳은 신념으로 '내가 도와주겠소.' 라고 나설 수 있는 용기를 가진 사람이 과연 있겠는가? '나는 이 남자를 잘 알고 있소. 그는 내 친구이다. 여러분은 그에 대하여 나쁘게 말하고 있지만, 여러분 모두를 합친 것보다 가치가 있는 사람이오.' 라고 말할 용기가 있는 사람이 어디에 있겠는가? 설령 당신 주변에 그렇게 말해줄 사람이 있다고 하자. 어쩌면 그런 사람은 타락한 악마일지도 모른다. 그 자신이 비참한 상황에 처하여 절망의 늪으로 당신을 끌어들이려 하고 있을지도 모른다. 이런 사람의 도움은 당신에게 유익하기는커녕 재난의 씨앗이 될 것이다.

자신의 행복을 떠벌리지 마라

가장 행복하다고 느끼지는 순간, 당신은 행복하다는 것을 소리 높여 떠벌려서는 안 된다. 번영, 재산, 재능을 자랑해서는 안 된다. 인간이란 자신보다 우위에 있는 인간을 보면 험담과 질투를 느끼지 않고는 베기지 못하는 존재이다. 타인에 대한 지나친 친절함은 금물이다. 이웃을 위해 너무 많은 것을 베풀어서는 안 된다. 사람은 넘치는 자선을 베푸는 사람을 만나게 되면 갚지 못할 돈을 빌린 사람이 채권자와 마주했을 때와 마찬가지로 곧장 도망쳐버리기 마련이다. 친구가 당신에게 큰 기대를 하고 있을 경우에도 당신이 거인처럼 비춰지지 않도록 주의해야 한다. 단 한 번의 거절이 지금까지 천 번의 선행을 잊게 만들어 버린다.

자신감을 잃어서는 안 된다

자신감을 잃지 마라. 신과 인간성, 운명과 같은 것에 대한 신뢰를 잃지 마라. 이 점에는 특히 주의를 해야 한다. 당신의 얼굴에 의기소침한 표정과 절망의 빛이 드러난 것을 주변 사람이 본다면 그 순간 모든 것은 끝이다. 반면에 불행에 처해 있는 인간은 타인에 대하여 종종 매우 부당한 행동을 취하게 된다.

상대는 우리가 조금이라도 거슬리는 행동을 취하거나 약간의 차가운 태도에도 자신을 업신여긴다고 착각한다. 상대는 자신이 괴로운 상황에 처해 있는 것을 주변 사람이 모두 다 알고 있다고 착각하여 만약 그가 도움을 청하기라도 하면 주변 사람은 모두 도망칠 것이 분명하다고 굳게 믿는다.

냉정함을 잃지 마라

냉정하고 침착한 정신은 더없는 하늘의 축복이다. 그럴 수만 있다면 사람들과의 교류에 있어서 매우 유리하다. 물론 이런 장점은 기술을 부려 얻을 수 있는 성질의 것이 아니다. 그러나 선천적으로 침착한 정신을 갖추지 못한 사람이라도 꾸준한 노력을 한다면 성급하게 일을 달려들거나 타인은 물론이고 본인도 성급하게 하는 것을 피할 수 있다. 이 점에 관해서 말하자면, 임기응변이 지나치게 뛰어난 사람이 오히려 주의를 해야 한다. 그러므로 나는 이렇게 하는 것을 권장한다. 예상치 못한 질문과 익숙하지 않은 상황에 맞닥뜨렸을 때는 단 1분이라도 좋으니 침착해야 한다. 그리고 자신이 선택해야 할 길을 찾기 위한 여유를 갖는 것이다. 서둘러 아무렇게나 던진 말 한마디, 혹은 실수로 내디딘 한 걸음은 뒤늦은 후회와 불행한 결과를 초래하기 십상이다. 그와 반대로 평소라면 정신을 차리기 어려운 결정적인 순간에 차분하게 마음을 가라앉히고 그 자리에서 바로 결단을 내릴 수 있다면 행복과 구원과 위안을 얻을 수 있다.

남으로부터의 친절은 가능한 한 적게 받아라

남에게 친절을 강요하거나 친절을 받는 일은 가능한 한 최소화하는 것이 좋다. 작은 기여밖에 하지 않고도 나중에 큰 대가를 요구하는 사람이 매우 많다. 이런 요구를 하는 사람이 있으면 교류의 균형이 깨지고 자유가 상실되어 무슨 일을 하더라도 어색해지기 마련이다. 큰 대가 요구에 당황스러워하거나 불유쾌한 기분이 드는 것은 열 번 중에 한 번 정도밖에 되지 않을 것이다. 그러나 아무리 적은 확률이라도 단 한 번의 경우의 수를 피하기 위해 남의 친절을 받거나 또 다른 무언가를 받기보다는 오히려 본인이 베푸는 신중한 행동이 필요하다. 타인을 위해 싫은 내색을 하지 않고 친절을 베풀 수 있는 사람은 많지 않다. 독자 여러분도 시험 삼아 행복의 절정에 젖어 있는 지인에게 이렇게 말해 보라. "부탁할 게 있습니다. 지금 제가 궁지에 몰려 있습니다." 그러면 당신의 지인들 중에 많은 사람이 인상을 찡그릴 것이다.

타인의 도움을 받지 않기 위한 최선의 수단은 너무 많은 기대를 하지 않는 것, 절도 있는 생활을 할 것, 그리고 작은 희망으로 만족해야 한다. 반대로 끝없이 많은 욕망—명예욕도, 금전욕, 물욕, 정욕의 경우도—으로 자신을 망각하는 사람, 혹은 유행하는 사치품의 매력에 사로잡혀 눈에 보이는 것은 닥치는 대로 갖고 싶어 하는 사람, 혹은 호기심이 지나치게 왕성하고 변덕이 심해 무익한 온갖 일에 참견하는 사람—이런 사람은 당연히 자신의 무한한 욕구를 충족시키기 위해 타인의 도움과 원조를 결코 포기하지 않는다.

본인에게 흥미를 갖기 바란다면 상대에 대한 흥미를 가져라

본인에 대한 흥미를 갖기 바란다면 당신이 먼저 상대에 대한 흥미를 가져야 한다. 사람들과의 교류를 싫어하고 우정과 친절과 애정이 부족하여 독불장군으로 살아가는 사람은 남에게 도움을 청해도 상대를 해주지 않는다.

감추는 것 없이 모든 것을 드러내 보여서는 안 된다

우리는 남에게 숨김없이 모든 것을 드러내지는 않는다. 그 이유는 두 가지이다. 첫째, 자신의 모든 것을 보여주면 약점까지 드러나 악용될 위험이 있기 때문이다. 둘째, 일단 남에게 아무것도 숨김없이 말하는 것이 당연한 것이 되어 버리면 사람들은 결국 당신의 사소한 일거수일투족까지 설명을 요구하며 모든 것을 알고 싶어 하고, 모든 일에 대한 충고를 하려 하기 때문이다. 반대로 자신을 지나치게 겉으로 드러내지 않는 것 또한 바람직하지 않다. 만약 그런다면 당신의 행동 배후에 무언가 중대한 의미가 있는 것이 아닌지, 혹은 위험한 계략을 꾸미고 있는 것이 아닌지 의심을 받게 돼 당신 또한 불유쾌한 사태에 휘말릴 수도 있다. 특히 외국에 갔을 때나 여행지, 그리고 그 밖의 모든 때와 장소에서 오해를 받기 십상이고 일상생활에서도—허심탄회한 친구와의 교제에 있어서조차—성가신 일을 겪게 될지도 모른다.

사람은 누구나 즐겁기를 바란다

가장 잊어서는 안 되는 중요한 것은 인간이란 유쾌한 마음을 갖고 싶어 한다는 것이다. 진지하고 딱딱한 상황에서조차 때로는 재미있는 이야기나 허심탄회한 분위기가 동반되지 않으면 차츰 따분함을 느끼기 마련이다. 아니, 사람이라면 누구나 칭찬을 받거나 치켜세워주면 배려심이 있는 총명하고 유쾌한 이야기라고 여기게 된다. 그러나 현명한 사람이라면 남의 비유를 맞추는 것은 자신의 명예를 해치는 행위이다. 성실한 사람에게 있어서 비굴한 아첨꾼이 되는 것은 가치가 없는 일이다. 그러나 양극단의 어느 한쪽으로 치우치지 말고 중용을 지키는 것도 하나의 방법이다. 나는 이 방법을 택하라고 충고하고 싶다. 어떤 사람이든 한 가지 정도는 칭찬할 만한 장점이 있기 마련이다. 이런 장점을—지나친 칭찬은 오히려 역효과이다—훌륭한 사람이 칭찬했다고 가정하자. 그러면 칭찬을 받은 사람은 더 높은 완성을 위해 박차를 가하게 된다. 중용의 길이란 것이 어떤 것인지는 이것으로 충분히 이해했을 것이라고 생각한다.

가능한 한 항상 똑같이 밝은 표정을 보이는 것이 중요하다. 걱정에 사로잡히지 않는 굳은 마음, 더러움을 모르는 마음의 샘에서 솟아나는 밝고 쾌활한 마음이야말로 그 어떤 것보다 매력적이고 사랑스러운 마음가짐이다. 언제나 배려하는 말을 하려고 하는 사람이 있다. 사교 모임을 즐겁게 만들기 위해 철저한 준비를 했다고 여겨지는 사람이 있다. 이런 사람은 매우 짧은 시간 동안밖에 사람들을 매료시키지 못한다. 이러한 사람에게 관심을 갖는 사람은 매우 적다. 제대로 된 교제를 바라고 생산적인 대화를 원하는 지성 있는 사람이라면 이런 사람과의 교제를 원하지 않는다.

항상 재미난 이야기를 제공하려는 사람은 금방 이야깃거리가 떨어져 질려버리고 만다. 그것으로 끝나지 않는다. 이런 사람이 혹시라도 재치 상자 속에서 아무것도 꺼내지 못하게 된다면 주변 사람들은 매우 불만스럽게 여기게 된다. 이런 사람이 식사 자리에 초대를 받았을 때, 혹은 사람들의 주목을 받는 자리에 초대되었을 때, 그는 양 어깨에는 의무라는 무거운 짐을 짊어지게 된다. 초대에 대한 답례를 하기 위해 유쾌한 연설을 해야 한다는 의무이다. 만약 그가 목청을 높여 진지한 연설을 한다면 이야기의 절반이 채 끝나기도 전에 사람들은 그를 비웃을 것이다. 진정한 유머와 진정한 재치는 강제한다고 해서 겉으로 드러나는 것도 아니고 기교를 부린다고 해서 만들어지는 것도 아니다. 진정한 유머와 진정한 재치는 천

재가 그 재능을 발휘했을 때와 마찬가지로 사람의 마음을 뜨겁게 하고 감동을 주어 존경심을 우러나게 하는 것이다.

뒤돌아서 후회 않는 사교술

아부에 대하여

사람과 만날 때는 내용이 있는 대화를 하거나, 아니면 친절한 말을 해야 한다. 그러나 내용이 있는 말이건 친절한 말이건 상대에게 도움이 되는 말투가 아니면 안 된다. 상대가 꽁무니를 빼지 않도록, 또한 많은 것을 준비한 것 같은 인상을 주지 않도록 주의해서 말해야 한다. 당신과 함께하는 시간을 상대방이 낭비라고 생각하게 해서는 안 된다. 당신이 상대방의 인격 자체에 흥미를 가지고 있다고 느낄 수 있는 태도를 취해야 한다. 진심 어린 행동을 할 필요가 있다. 누구를 막론하고 당신 앞을 지나는 사람 모두에게 친절을 팔며 돌아다니는 행위는 삼가야 한다.

내가 하는 말을 부디 오해하지 말기를 바란다. 나는 가능하다면 모든 공허한 잡담을 사교장으로부터 추방하고 싶은 것이다. 듣는 사람의 입장에서 아무런 도움도 되지 않고 정말로 즐거운 이야기라 할 수 없는 내용, 혹은 상대가 지적으로나 감정적으로도 관심을 가질 수 없는 내용을 절대로 말하지 않도록 자존심을 지켜야 한다. 나는 이것을 바라고 있다. 끊임없이 공허한 아부와 입에 발린 말을 하는 사람도 있다. 이런 말을 듣는 사람은 누구라도 천 번의 아부를 들어도 단 한 번의 대답을 찾을 수 없을 정도로 당혹스러워 한다. 나는 결코 이런 아부를 추천하고 있는 것이 아니다. 그러나 선의에서 비롯된 자상한 말을 비난하고자 하는 것도 아니다. 나는 사람들을 선행으로 이끄는 칭찬과 조심스럽고 확실한 칭찬을 비난하지 않는다.

나의 기본적인 자세를 명확하게 하기 위해 한 가지 예를 들어 보겠다. 나는 과거 지적이고 아름다운 여성과 마흔 무렵의 키가 작고 허리가 굽은 중년 여성 사이에 앉아 식사를 한 적이 있었다. 그때 나는 무례하게도 식사를 하는 내내 아름다운 여성과만 대화를 나누고 중년 여성에게는 한마디도 말을 걸지 않았다. 나는 디저트를 먹으면서 비로소 자신의 무례함을 깨달았다. 그런데 나는 자신의 잘못을 정정하기 위해 또다시 잘못을 저지르고 말았다. 무례함을 덮어버리기 위해 진실과 성실함을 희생하고만 것이다. 나는 중년 여성에게 20년 전 사건에 대해 이야기했지만, 그녀는 그 사건에 대해 모르고 있었다. "전혀 이상할 게 없지요. 그 당시 부인은 아직 소녀였으니까요." 자신을 젊게 보아주었다고 생각한 그녀는 진심으로 기뻐했다. 이 한마디로 나는 그녀에게 좋은 인상으로 남게 된 것이다. 사실 그녀는 그런 저속하고 뻔한 아부를 한 나를 경멸해야 마땅했다. 그런 아부를 하지 않더라도 그녀의 흥미를 끌 수 있는 이야깃거리를 찾는 것은 어려운 일이 아니었다. 한가로운 점심시간, 중년 여성과 함께 대화를 나눌 수 있는 이야깃거리를 찾아 대화를 나누는 것이 나의 가장 큰 의무였던 것이다. 처음 잘못을 바로잡기 위해 저속한 아부를 하는 것은 열등한 방법이었다.

비웃음과 중상모략에 대하여

세상 사람들의 존경을 잃어서는 안 되는 사람, 그리고 자신이 한 말이 원인이 되어 남에게 상처를 주거나 타인의 짐이 되는 것을 싫어하는 사람은 대화를 할 때 조심할 필요가 있다. 대화 중에 남에 대해 중상모략하거나 비웃거나 험담을 해서는 안 된다. 진지한 대화를 퇴색시켜 상대를 무시하는 듯한 분위기를 만드는 일이 없도록 주의해야 한다. 만약 그런다면 일시적으로는 재미있어 하고 일부 사람들로부터는 인기를 얻을 수 있을지도 모른다. 그러나 남의 험담을 하거나 진실을 폭로하여 모임의 흥을 돋우려 하는 사람은 결국 사람들이 꺼리며 경멸당하고 만다. 이것은 당연한 일이다. 왜냐하면 인간으로서의 정과 분별력이 있는 사람이라면 타인의 결점에 대한 배려심이 있어야 하기 때문이다. 단 한마디, 그것도 악의적이지 않은 사소한 말 한마디가 때로는 상대방에게 얼마나 큰 상처로 남는지 알아야 한다. 타인에 대한 애정과 사리분별력이 있는 사람은 이 사실을 잘 알고 있다. 이런 사람은 유익하고 진지한 대화를 추구한다. 진지한 대화를 퇴색시키는 말투는 그런 사람이 바라는 것이 아니다. 그러나 흔히 말하는 고상한 세계에서는 너무나도 쉽게 그런 끔찍한 말투에 친숙해지고 만다. 이것은 아무리 주의를 해도 지나침이 없을 것이다.

물론 풍자적인 것까지 전부 불필요하다고 말할 생각은 없고, 그것을 부정할 생각도 없다. 친분이 두터운 사교 모임을 제외한다면 어리석은 행위와 목적에서 벗어난 언행을 목격했을 때는 '품위를 잃지 않고, 특정 개인을 목표로 하지 않고, 독기를 품지 않은 야유'를 하는 것이 매우 효과적이다. 마지막으로 한마디만 덧붙이겠다. 나는 결코 무엇이든 칭찬을 하며 명백한 잘못을 용서하는 사고방식을 추천하고 있는 것이 아니다. 그와 정반대로 나는 기독교의 사랑 정신으로 모든 것을 감싸는 척하는 사람들을 단 한 번도 신용한 적이 없다. 그런 사람들은 대부분의 경우 위선자들이다. 그들은 말로는 온갖 미사여구를 쓰면서 자신이 저지른 악행을 덮으려 하고 있는 것이다. 어쩌면 그들은 자신이 그렇게 관대하기 때문에 사람들이 자신의 사소한 결점에 대해서는 눈감아 주기를 바라고 있는 것일지도 모른다.

소문에 대하여

남에게 들은 소문을 가볍게 사람들에게 전해서는 안 된다. 특히 험담일 경우에는 더더욱 그렇다. 소문 중에는 종종 사실무근인 것도 있다. 사람들의 입에서 입으로 전달되는 사이 과장되거나 일부분만 전달되어 원래와는 전혀 다른 이야기가 되는 경우가 많다. 근거도 없는 소문을 남에게 전달하여 선량한 사람들에게 상처를 입히는 경우가 종종 일어난다. 그리고 그 이상으로 소문을 퍼뜨린 당사자가 심한 보복을 당하는 경우가 있다.

가정사에 대하여

자신의 가정사를 남의 가정에서 말할 때는 특히 조심해야 한다. 당신이 최근 교류하고 있는 사람들의 집안일에 대하여 이런저런 설교를 하거나 식사 시간에 한 이야기나 식구들에 대한 이야기 등을 다른 곳에서 말할 때는 조심을 해야 한다. 당신이 전혀 악의 없이 한 말이라도 그러한 요설은 종종 당신에 대한 불신의 원인이 되어 훗날 온갖 불화와 다툼의 불씨가 된다.

비난과 반론은 신중하게

비난과 반론을 할 때는 신중함을 잃어서는 안 된다. 양면성을 띠지 않는 것은 이 세상에 거의 존재하지 않는다. 선입관은 종종 현명한 사람의 눈까지 흐리게 만든다. 타인의 입장에서 고려하는 것은 매우 어려운 일이다. 특히 총명한 사람이 하는 일에 대하여 판단할 때는 성급한 판단은 금물이다. 당신이 아무리 겸허하다고 할지라도 성급한 판단을 한다면 당신이 총명한 상대보다 자신이 현명하다는 착각을 할지도 모른다. 그러한 착각은 대부분 적절하지 않은 경우가 많다. 총명한 인간은 대부분의 경우 타인보다 활기가 넘친다. 부정을 용납하지 않는 뜨거운 감정으로 대중의 판단에 휘둘리지 않는다. 자신의 양심을 증명할 때, 어떤 큰 권력을 빌리려고도 하지 않는다. 아무튼 총명한 사람에 대해서는 '저 사람은 남을 위해 무엇을 하고 있을까?'를 자문해 보는 것으로 충분하다. 그가 남에게 도움이 되는 일을 하고 있다면 조금은 감정이 격해져서 행동하더라도 그 선행을 보아 눈감아 줘야 한다. 왜냐하면 이러한 결점은 당사자 자신이 약간의 피해를 입을 정도이고, 그도 아니면 금방 잊힐 사소한 해악에 불과하기 때문이다.

그 선행의 동기를 지나치게 억측하려 들어서는 안 된다. 만약 그렇게 된다면 당신의 훌륭한 행위의 대부분은 의심의 눈초리를 사게 되어 사소한 것으로 여겨질지도 모른다. 무릇 선행이라고 하는 것은 어떤 결과로 이어질 것인가라는 측면에서 세상 사람들이 판단할 일이다.

본인만 흥미 있는 이야기를 하지 마라

자연의 산물을 자유롭게 소비해도 좋다고 생각하는 사람이 많은데, 사교 모임에서도 받은 만큼 남에게 나눠주려 하지 않는 사람도 있다. 그들은 타인으로부터 즐거움을 느끼고, 가르침을 받고, 봉사를 받고, 칭찬을 받고, 금전을 지불받고, 식사 대접을 받기를 바란다. 그리고 정작 본인은 그 대가를 전혀 지불하려 하지 않는다. 그들은 따분하다고 불평을 하지만 자신이 남을 따분하게 하고 있는지 아닌지를 자문하지는 않는다. 그들은 그저 앉아서 남의 이야기를 들을 뿐이다. 남들을 위해 즐거운 분위기를 만들고자 하는 배려를 전혀 하지 않는다. 이런 태도가 바람직하지 않은 것은 물론이고 부당한 일이다.

그리고 이런 사람들도 있다. 그들은 항상 자신에 관한 일, 자신의 가정사, 자신의 삶의 방식과 활동, 자신의 업무 내용을 이야깃거리로 삼으며 무슨 일이든 자신과 연관시키고 자신을 중심으로 하여 비유하고 연상하며 상대에게 들려준다. 사교 모임에는 온갖 사람들이 모여들기 때문에 당신만이 받은 교육, 일, 당신 고유의 삶의 방식 등에 대해서는 될 수 있으면 이야깃거리로 삼지 않는 것이 좋다. 본인 이외에 아무도 흥미가 없는 화젯거리를 꺼내서는 안 된다. 주변 사람들이 모르는 소문과 확실하게 상대가 읽지 않았을 것 같은 책 내용을 늘어놓아서는 안 된다. 당신 주변에 있는 사람이 이해하지 못하는 외국어를 말해서는 안 된다.

현재 있는 곳의 분위기에 자신을 맞추는 기술을 터득할 필요가 있다. 젊은 여성들 앞에서 의사가 해부학 개론에 대하여 이야기하거나, 궁중 사람들 앞에서 법률학자가 '부당구속' 이나 '군사 칙령' 에 대하여 이야기하고, 발랄한 여성 앞에서 허리가 굽은 노교수가 상처를 보여주며 부상당한 다리에 대하여 이야기하는 것만큼 어리석은 일은 없다.

그러나 주변 사람들의 흥미를 끌기가 어려운 장소에 가는 경우도 종종 있다. 예의범절을 모르는 경솔한 사람들 속에서 분별력이 있는 사람이 혼자 있는 경우를 생각해 보자. 이런 사람이 전혀 이해를 받지 못한다고 하더라도 그것은 그 사람의 탓이 아니다. 그럴 때는 '나는 사람들의 흥미를 끌 만한 이야기를 제공했다.' 고 스스로 위안을 삼을 수밖에 없을 것이다.

이기주의에 대하여

서로 마음이 통하는 친한 친구라면 한 사람의 이야깃거리가 모두의 이야깃거리가 된다. 이럴 경우를 제외하고 당신은 자신에 대하여 너무 많은 것을 말해서는 안 된다. 그리고 친한 사이라고 할지라도 지나치게 자신을 내보이지 않도록 주의해야 한다. 친절한 친구가 당신에게 경의를 표하고 당신 자신에 대해서나 당신이 쓴 문장 등을 화제의 중심으로 삼았을 경우(사람은 종종 이런 상황과 조우하기 마련이다)조차도 결코 자신에 대하여 지나치게 많은 말을 해서는 안 된다. 겸허한 마음은 가장 존중되어야 할 성격 중에 하나이다.

겸허함이란 오늘날 점점 보기 드문 덕목이 되었다. 때문에 더더욱 겸허한 마음을 가진 사람은 타인에게 좋은 인상을 심어준다. 모두가 당신의 글을 즐겁게 낭독하고 당신의 재능을 칭송하고 당신의 활동에 대하여 모두에게 전하지는 않는다. 그것을 기대하는 것은 잘못이다. 하물며 누군가 모임의 분위기를 한껏 띄워놓고 당신에게 "부디 당신의 이야기를 들려주세요."라고 부탁해 올 거라는 기대는 하지 않는 것이 좋다.

당신은 교제에 있어서 타인을 압박해서는 안 된다. 다시 말해 발이 넓다는 것을 자랑하여 타인을 초라하게 만들거나 말문을 막는 일이 없도록 조심해야 한다는 뜻이다.

모순된 말을 하지 마라

사람들과 대화할 경우에는 모순된 말을 해서는 안 된다. 지금 주장하고 있는 것과 상반된 것을 이전에 옹호했던 일이 없도록 주의해야 한다. 의견을 바꾸는 것은 있을 수 있는 일이다. 그러나 사교의 장에서는 찬성 의견을 말하거나 반대 의견을 말할 때도 충분한 근거를 제시할 수 있어야 한다. 그렇지 않다면 처음부터 단정적인 말투를 쓰지 않는 것이 좋다.

같은 말을 반복하지 마라

기억력과 주의력이 산만하거나 자신의 착안에 만족하여 어딜 가더라도 똑같은 주제, 똑같은 소문, 똑같은 농담, 똑같은 비유를 반복하는 사람이 있다. 당신은 그런 과오를 저질러서는 안 된다.

저속한 말을 하지 마라

외설적인 이야기를 대화 중에 해서는 안 된다. 구역질이 날 것 같은 내용, 혹은 젊은 여성이 얼굴을 붉힐 수 있는 내용이 포함된 이야기를 꺼내서는 안 된다. 남이 그런 내용의 이야기를 꺼내더라도 결코 동조해서는 안 된다. 사리분별력이 있는 사람이라면 그런 이야기를 전혀 좋아하지 않는다. 설령 남자들만의 모임일지라도 수치심과 미풍양속에 대한 배려를 잃어서는 안 된다. 또한 외설을 불쾌한 것으로 여기는 마음을 잃어서는 안 된다.

평범하고 상투적인 말을 하지 마라

평범하고 상투적인 말을 대화 중에 해서는 안 된다. 예를 들자면 다음과 같은 것들이다. '건강이 최고의 재산' '눈 속에서 놀면 추운 건 당연하다.' '내 몸처럼 소중한 것은 없다.' '오래 계속하면 그 능력도 향상된다.'(나는 그 반대를 증명할 수 있다.) '인간은 실패를 통해 현명해진다.'(아쉽게도 이것은 거의 맞지 않는다.) '쏜 살 같다.' 마지막 속담이 시간의 경과에 대해 말하는 것이라면 옳지 않다. 왜냐하면 시간이라는 것은 일정한 기준에 따라 새겨지는 것이라 정해진 속도 이상 빨리 갈 수 없다. 1년이 짧다고 느끼는 사람은 수면 시간이 길거나 감각이 무디기 때문이다. 여기서 말한 속담들은 매우 따분하고 때로는 무의미하고 정당하지도 않다.

무익한 질문을 하지 마라

무익한 질문을 해서 교류하는 사람들의 기분을 무겁게 만들어서는 안 된다. 무언가 알고 싶어서 질문하는 것이 아니라 마치 교리문답식 대화 습관에 익숙해져 대화 도중에 질문을 섞어 넣는 사람이 있다. 이런 사람의 질문은 사람들의 마음을 꽤 무겁게 만든다. 이런 사람과 평범하게 담소를 나누는 것은 거의 불가능할 정도이다.

반대 의견에 인내하라

반대 의견에 대해서는 인내심을 가져라. 어린애처럼 자신의 의견에 고집을 부려서는 안 된다. 말다툼을 할 때도 격정에 휘말리거나 거친 행동을 해서는 안 된다. 당신의 진지한 의견에 대하여 상대가 비웃거나 무시할 경우에도 냉정함을 잃지 마라. 만약 냉정함을 유지하지 못한다면(설령 당신의 주장이 이치에 맞는다고 할지라도) 당신은 이미 절반은 진 것과 마찬가지다. 적어도 두 번 다시 이번과 같은 방법으로 상대를 설득할 수는 없을 것이다.

즐거운 자리에서 집안일 이야기를 해서는 안 된다

댄스 클럽이나 극장처럼 사람들이 즐거움을 위해 모인 장소에서 절대로 집안일을 화젯거리로 삼아서는 안 된다. 특히 상대가 걱정을 할 수 있는 내용의 이야기는 더더욱 안 된다. 사람들은 지친 심신을 달래 피로를 풀고, 크고 작은 걱정거리를 잊기 위해 댄스 클럽과 극장을 찾는 것이다. 따라서 이런 곳에서는 굳이 일상의 복잡한 일들을 떠올리게 하는 이야깃거리는 전혀 어울리지 않는다.

종교 이야기에 대하여

사리분별력이 있는 성실한 사람이라면 중요한 종교적 설교에 대하여—설령 불행한 경험 때문에 그 설교가 진실로 여겨지지 않을 경우라도—결코 콧방귀를 뀌는 태도를 보여서는 안 된다. 이것은 당연한 일이다. 또한 교회의 모든 제도와 몇몇 종파가 지키고 있는 신앙 내용, 그리고 다수의 사람들이 중요하다고 여기는 종교상의 의식 등에 대해서도 사교의 장에서는 절대로 조롱해서는 안 된다.

다른 사람이 존중하고 있는 것은 본인 또한 존중하는 것이 중요하다. 자신이 언론의 자유를 추구한다면 타인의 언론의 자유 또한 인정해야 한다. 우리가 계몽이라 부르고 있는 것이 다른 사람의 눈에는 몽매한 것으로 여겨질 수도 있다는 것을 잊어서는 안 된다. 본인의 눈에는 편견으로밖에 보이지 않는 것이 남의 눈에는 마음의 평온을 가져다주는 것일지도 모른다. 그러므로 당신은 이러한 편견 또한 존중해야 한다. 남이 소중히 여기고 있는 것을 빼앗으려 한다면, 당신은 그 대신에 보다 훌륭한 것을 상대에게 주어야 한다. 비웃음은 상대에게 도움이 되지 않는다. 이 세상에서 우리의 이성은 아직 충분히 발달하지 못한 상태이다. 그러므로 이성은 온갖 일들에 대하여 과오를 범하기도 한다. 결점이 있는 체계이기는 하지만 그 위에 도덕의 틀이 세워지기도 한다. 따라서 쉽게 그 체계를 파괴할 수는 없다. 만약 그런 행위를 한다면 그 위에 쌓아올린 건물의 기초부터 무너뜨리는 것이 되기 때문이다. 마지막으로 반드시 염두에 두어야 할 것은 위에서 말한 모든 것들은 사교의 장에서 논할 만한 성질의 것이 아니라는 것이다.

한편으로 내가 볼 때, 오늘날 사람들은 종교에 대하여 이야기할 기회를 일부러 피하고 있는 것처럼 여겨진다. 신을 찬미하는 열성적인 감정을 토로하는 것을 부끄러워하는 사람들이 있다. 그들은 몽매하다고 여겨지는 것을 두려워하고 있다. 반면에 종교에 열성적인 척 행동하는 사람이 있다. 그들은 종교적 열정을 부정하는 듯한 이야기를 결코 입에 담지 않는다. 신도들에게 잘 보이고 싶기 때문이다. 첫 번째의 경우 타인의 눈을 두려워하는 것이고 두 번째의 경우는 착한척하고 있는 것에 불과하지만, 아무튼 이 둘 모두 성실한 인간의 입장에서 본다면 가치가 없는 태도이다.

타인의 결점을 화제로 삼을 때는 주의를 하라

만약 당신이 타인에 대하여 육체적, 정신적, 도덕적 결함에 대하여 말할 때나, 특정 입장과 선입관을 비웃거나 일정한 신분의 사람들을 겁박하는 듯한 내용의 일화를 이야기하려 할 때는 그전에 자신의 주변을 꼼꼼히 살피고 기분이 상할 사람이 있는지 없는지, 혹은 위에서 말한 것처럼 비난과 조롱의 대상이 될 수 있는 사람이 있는지, 더 나아가 본인은 없더라도 친한 사람이 있지는 않은지 조심해야 한다.

용모와 체형 등, 외모에 대한 타인의 험담을 해서는 안 된다. 외모를 바꿀 수 있는 능력은 아무도 없기 때문이다. 불행하게도 남의 눈에 잘 띄는 용모를 하고 있는 사람의 입장에서 자신이 조롱의 대상이 되고 있다는 것을 깨닫는 순간만큼 마음의 상처가 되고 화나는 일은 없다. 넓은 세상에 대하여 조금이라도 알고 있는 사람이라면 이 세상에는 별의별 사람이 있다는 것을 잘 알고 있을 것이다.

때문에 앞에서 말한 것을 일일이 말할 필요가 없을 것이다.

그러나 아쉽게도 지위가 높은 사람, 특히 여성들 중에는 종종 타인의 외모를 흉보는 사람을 볼 수 있다. 그들은 자신을 조종할 능력, 혹은 예의범절과 공정함과 같은 것에 대한 관념이 매우 부족하다. 때문에 익숙하지 않은 모습의 사람을 발견하면 놀란 표정을 감추지 못한다. 이것은 성격의 나약함을 드러내는 것이다. 무엇이 아름답고, 어떤 것이 추하다는 관념은 매우 상대적인 것이며 개인적 취향에 따라 큰 차이가 있다.

인상학이라는 것이 있는데, 이 학문이 기초로 삼고 있는 것은 너무나도 애매하다. 언뜻 보기에 추해 보이는 외모 깊은 곳에 사물을 꿰뚫어 보는 섬세한 두뇌를 가진 아름답고 고귀한, 따뜻한 감성이 감춰져 있는 경우를 자주 접하게 된다. 인간을 외모로 판단하여 온갖 나쁜 추측을 하는 것은 용납할 수 없는 일이다. 외모를 통한 인상을 감추지 못하고 조롱하거나 무시하는 태도로 상대에게 상처를 입히는 것은 용서받을 수 없는 일이다.

특이한 외모 이외에도 여러 가지 점에서 사람들의 시선을 끄는 사람이 있다. 예를 들어 웃음거리가 될 수 있는 버릇이 있는 사람, 무언가에 홀린 듯한 태도를 하는 사람, 세련되지 못한 사람, 몸동작이 만화 같은 사람, 상식이 없는 사람, 부주의한 행동을 하는 사람, 낡은 옷을 아무렇지 않게 입고 다니는 사람 등이 있다. 이런 사람을 보고 비웃거나, 혹은 제삼자에게 은연중에 신호를 보내 당사자를 당황하게 하는 것은 결코 칭찬받을 수 있는 인생이라고 할 수 없다.

타인을 웃음거리로 삼아서는 안 된다

사교 모임에서 무능한 사람을 포함해 어떤 사람이라도 웃음거리로 삼아서는 안 된다. 당사자가 정말로 무능한 사람이라면 상대를 굳이 웃음거리로 만들더라도 당신에게는 아무런 도움도 되지 않는다. 또한 상대가 당신이 생각했던 것만큼 무능하지 않다면 반대로 당신이 상대의 웃음거리가 될지도 모른다. 또한 상대가 선량하고 고귀한 사람이라면 당신은 그의 마음에 상처를 주는 것이 된다. 상대가 질투심이 많고 고약한 사람일 경우에는 언젠가 어떤 형태로든 복수해 올 것이다. 사회생활을 잘하고 있는 사람을 아무런 이유도 없이 흉을 보는 것은 보는 사람의 눈이 있기 때문에 불가능한 일이다. 또한 무능한 사람을 경멸하는 것은 무익한 일이다. 부적절한 면을 폭로하여 경멸하더라도 그의 어리석음이 사라지는 것도 아니고, 오히려 상대가 갱생할 기회를 꺾어버리고 마는 것이다.

남을 놀라게 하고, 깔보고, 애타게 해서는 안 된다

가짜 정보와 농담, 그 밖에 사람의 마음을 잠시라도 불안하게 하거나 낭패를 보게 하는 말을 하여 타인(상대가 친구라도)을 놀라게 하거나 깔보고, 애타게 해서는 안 된다. 이 세상에는 유쾌하지 않아 화가 나고, 기분이 상하는 때가 매우 많다. 꿈이든 현실이든 우리에게는 온갖 고뇌의 짐이 짊어져 있다. 따라서 조금이라도 상대의 마음의 짐을 더 이상 무겁게 하는 짐을 발견했다면 그 짐을 가볍게 해주는 것이 친구의 의무이다.

세상 사람들은 흔히 농담 삼아 지어낸 이야기를 장난스럽게 친구에게 하는 사람이 있다. 한동안은 친구도 재미있게 들어주지만 금방 따분해 한다. 나는 이런 지어낸 이야기를 하는 것은 전혀 세련되지 않다고 생각한다. 이런 농담과 지어낸 이야기는 만남의 즐거움을 더해주는 묘약이 아니라 오히려 만남을 해치는 독약에 불과하다. 장난삼아 사람들의 호기심을 자극하거나 이야기를 도중에 끊어 상대를 짜증나게 해서는 안 된다. 말하고 싶지 않으면 처음부터 말을 꺼내지 않는 것이 낫다.

친구들에게 수수께끼 같은 경고를 하는 버릇이 있는 사람도 있다. 예를 들자면 이런 식이다. "당신에 대한 나쁜 소문이 돌고 있습니다. 하지만 당신에게 그 내용을 말할 수는 없고, 또한 용납될 수도 없습니다." 이런 경고는 전혀 도움이 되지 않고 상대의 마음을 불안하게 할 뿐이다.

누군가가 부주의한(예를 들어 저자가 함께 있는 자리에서 당사자의 험담을 하는 등) 행동을 저지르거나, 혹은 창피한 일을 당할 수 있는 상황에 처하는 경우가 있다. 그럴 경우 상대에게 주의를 줄 때는 당사자가 당혹해 하지 않도록 조심해야 한다. 상대를 당혹스럽게 하지 않고 오히려 재난을 행운으로 전환할 수 있도록 일을 진행시켜야 한다.

불쾌한 일을 떠올리게 해서는 안 된다

상대방에게 유쾌하지 않은 일을 떠올리게 하지 않도록 주의가 필요하다. '그릇된 동료의식' 이라 불러야 할 감정을 가진 사람이 있다. 그들은 자신이 아무런 도움도 줄 수 없으면서도 남의 집 경제 사정이나 예민한 문제에 대하여 이리저리 묻는다. 사교 모임이란 번거로운 일상을 잊고 기분전환을 하기 위한 사람들의 모임인데 '그릇된 동료의식' 을 가진 사람들은 평소의 번거로운 일들을 눈앞에 생생하게 떠올리게 만들어 버린다.

당신은 인간이란 어떤 존재인지에 대한 충분한 지식을 가질 필요가 있다. 눈앞에 있는 상대가 과연 어떤 성격을 가진 사람인지, 어떤 상태이고, 어떤 고민을 하고 있는지를 충분히 살필 필요가 있다. 그런 다음 상대가 일상의 문제에 대한 이야기를 하면 기분이 좋아지는 부류인지, 아니면 정반대로 마음이 무거워지는 사람인지를 정확하게 구별해야 한다.

남의 흉을 보는 데 동조하지 마라

누군가가 남을 질책하거나 창피를 주고 있는 상황에 마주하더라도 당신은 결코 동조해서는 안 된다. 함께 조롱해서는 안 된다. 오히려 아무 말도 듣지 못한 척해야 한다. 그렇게 배려를 해주면 상대는 당신을 기억하며 고마워할 것이다.

타인의 행위에 대해서는 본인이 책임지도록 하라

이웃의 행동이 직접적으로 당신과 관계가 있을 경우는 예외이다. 또한 이웃의 행동이 사회 윤리에 반하여 방치할 수 없는 범죄인 경우도 제외하기로 하자. 당신은 이런 경우를 제외하고 이웃의 행동에 대하여 신경 쓰지 마라. 걸음이 늦거나 빠르고, 수면 시간이 길거나 짧다고, 집에 있는 시간이 많거나 길다고, 복장이 화사하거나 초라하다고, 와인을 마시는지 맥주를 마시는지, 빚이 있는지 재산이 많은지 등등 당신이 이웃의 후견인이 아닌 이상 이런 것이 당신과 무슨 상관이 있는가? 필요한 정보는 어리석은 사람에게 듣는 것이 좋다. 왜냐하면 그들은 지나친 배려를 하거나, 지나치게 이야기를 정리하거나, 주제에서 벗어나 각색을 하고 감정이입을 하는 등의 일이 없이 있는 그대로 말하기 때문이다.

따분함을 느낄 때 행동 요령

이야기 도중에 따분함을 느끼는 일이 종종 있다. 참을 수 없을 만큼 따분할 때, 그것을 참고 따분한 모습을 겉으로 드러내지 않는 것—우리가 이러한 태도를 취하는 것은 이성과 분별과 인간애의 정신이 명령하기 때문이다. 자신이 하고 있는 대화에 진심이 담겨져 있지 않을수록, 그리고 상대의 수다가 심할수록 사람은 멍하니 다른 생각을 하게 된다. 이런 일이 없다고 하더라도—그렇지 않아도 인생의 소중한 시간이 흐르고 있다. 자신이 속해 있는 사교 모임이라 할지라도 자신을 희생하면서까지 따분한 대화를 함께할 필요는 없다.

대화가 소중하다는 의견은 틀림없는 사실이다. 그러나 지나친 수다로 자신이 상대를 따분하게 하는 원인이 될 수 있다는 것도 알아두었으면 좋겠다.

Failure is a detour, not a dead-end street.
실패는 돌아가는 길일 뿐, 막다른 길이 아니다.
Zig Ziglar

침묵에 대하여

사교생활에 있어서 가장 중요한 미덕이면서도 최근 들어 보기 힘든 것이 있다. 그것은 침묵의 미덕이다. 최근 들어 입에 발린 약속뿐만이 아니라 말로만 하는 선서와 맹세까지도 볼 수 있다. 남에게 말하지 않겠다고 약속하고 들은 비밀을 부끄러운 줄도 모르고 남에게 떠벌리는 사람이 많다. 이 정도까지는 아니더라도 입이 매우 가벼운 사람이 있다. 그런 사람은 수다를 떨고 싶은 욕구를 참지 못한다. 비밀을 지켜달라는 친구의 말을 까맣게 잊어버린다. 그리고 그 비밀을—결코 용서할 수 없는 일이지만—다른 사람이 함께 있는 자리에서 떠벌리고 만다. 아니면 자신이 짊어진 비밀의 무게에서 벗어나고자 하는 충동에 못 이겨 자신을 찾아오는 모든 사람을 신용할 수 있는 친구라 여기며 자신과 마찬가지로 입이 가벼운 사람들에게 털어놓고 만다. 이런 사람은 자신의 비밀과 계획, 경제 상태에 대해서까지 확실하게 비밀을 지키지 못하다. 결국 그들은 자신의 행복을 물거품으로 만들고 인생의 목적을 달성하지 못한 채 끝내고 만다.

타인의 비밀과 자신의 비밀에 대하여 이렇게 무책임한 인간이 얼마나 큰 불이익을 초래한다는 말인가! 이에 대해서는 아마 더 이상 말할 필요도 없을 것이다. 그리고 원래는 비밀이 아닌 이야기라 할지라도 말하지 않고 침묵을 지키는 편이 나은 경우도 있다. 또한 말을 해도 그 누구의 도움도 되지 않고 재미도 없으며 그 말로 인해 모두가 불이익을 당할지도 모르는 이야기가 있다.

나는 교제에 있어서 매우 중요한 덕목 중의 하나로 침묵을 추천한다. 그러나 침묵이 열등한 신비주의로 타락해서는 안 된다.

그런데 자유국과와 비교해 볼 때 전제적 국가의 사람들이 더 말수가 적다고 하는데, 이것은 사실이다. 전제국가 속에서는 공포와 불신감이 사람들의 입을 닫고 말조심을 하게 한다. 자유 국가에 살고 있는 사람들은 수다를 떨고 싶다는 마음을 그대로 발산하고 있다.

자신의 비밀을 여러 사람에게 전달하지 않으면 안 되는 경우가 왕왕 있다. 그럴 경우 반드시 비밀을 지킬 것을 개개인에게 당부하지 않으면 안 된다. '이 비밀을 아는 건 나뿐이다. 그러니 반드시 비밀을 지켜야 해.' 라고 각자가 생각할 수 있게 해야 한다.

가벼운 교제 요령

선천적으로 누구와도 가볍게 교제하고 쉽게 친구를 사귀는 재능을 가진 사람이 있다. 그와 정반대로 매일 서로 다른 곳에서 모르는 사람과 마주할 기회가 있음에도 불구하고 어려서부터 내성적이고 생각이 많은 사람이 있다. 내성적인 것은 물론 교육의 실패 때문인 경우가 종종 있다. 또 하나는 '비밀스러운 허영심' 때문이기도 하다. 다시 말해 남 앞에서 자신의 모습을 멋지게 보일 수 없다는 공포 때문에 오히려 주저하게 되는 허영심이 있는 것이다. 그러나 대부분의 경우 모르는 사람 앞에서는 폐쇄적인 사람은 선천적인 경향이 뚜렷하다. 이런 사람은 자신의 내성적인 성격을 극복하기 위해 노력해도 실패하고 만다.

내가 아는 사람 중에 후작이 한 명 있다. 그는 내가 아는 사람 중에서 가장 고귀한 지성을 지진 인물 중 한 사람이고, 그 용모 또한 남에게 뒤처질 정도가 아니었다. 그런데 이 후작이 내게 이런 말을 한 적이 있다. 그는 높은 지위 탓에 어릴 적부터 거의 매일 처음 보는 많은 사람과 만날 기회가 있었다. 그러나 자신을 기다리고 있는 궁중의 대기실에 들어갈 때면 너무나 긴장한 나머지 눈앞이 깜깜했다고 한다. 사실 내게 이런 말을 해준 선량한 후작은 마음이 조금씩 가라앉으면 내성적인 기분은 사라지고 아무와도 가볍게 마음을 열고 대화할 수가 있었다. 아니, 보통은 신분이 높은 사람이 사교 모임에서 주로 하는 이야기는 날씨나 도로 상태, 승마나 사냥개에 대한 정도였지만, 그는 그런 이야기보다는 훨씬 내용이 있는 것을 주제로 삼았다.

가벼운 마음으로 사람들과 교제를 할 수 있는 것도 하나의 재능이다. 처음 만나자마자 바로 상대에게 좋은 인상을 심어주고 어떤 부류의 사람과도 가볍게 대화를 나눌 수 있고 자신의 앞에 있는 사람이 어떤 사람인지, 어떤 이야기를 해야 좋은지를 바로 판단할 수 있는 재능—이런 재능을 획득하고 필요하면 언제든지 사용할 수 있도록 노력해야 한다. 그러나 여기서 말하는 '가볍게'라는 것이 투기꾼들에서 흔히 볼 수 있듯이 뻔뻔함으로까지 추락해서는 안 된다. 이 점을 반드시 지켜주기를 바란다. 투기꾼들은 처음 만난 사람들, 만난 지 불과 채 1시간도 되지 않았는데도 상대를 막론하고 경력을 묻거나 자신의 경력을 떠벌리며 돌아다닌다. 그리고 상대에게 협력과 우정을 약속하며 상대에게도 협력과 후원과 도움을 청하곤 한다.

뛰어난 언변과 외적 태도

애매한 표현을 하지 말고 확실하고 상세하게 자신을 표현하며 생동감 넘치는 대화 기술을 익히는 것이 중요하다. 이 기술을 익히는 것은 하나의 재능이다. 더군다나 주의 깊게 관찰하는 사람이라면 이 재능을 익히는 것이 가능하다. 대화 상대의 능력이 어느 정도인지에 주의를 기울여야 한다. 상대가 따분하지 않도록 재미있게 언변을 발휘해야 한다. 자신의 생각에 스스로 만족스러운 미소를 지어서는 안 된다. 또한 상황에 따라 대화 내용에 차이를 두며 진지한 이야기를 했다가 흥을 돋우는 이야기를 하는 등 변화를 주어야 한다. 그것도 매우 자연스러운 말투로 해야 한다. 담소를 나눌 때는 어떤 표정을 지을지 연구할 필요가 있다. 자신의 표정을 스스로 조종하여 절대로 인상을 찡그려서는 안 된다.

사람의 태도에는 예를 들어 웃을 때의 표정을 통해 그 사람의 교양 정도를 추측할 수 있다. 품위 없는 태도를 겉으로 드러내지 않도록 노력해야 한다. 행동거지와 표정은 품위가 있어야 한다. 천박한 사람들이 흔히 하듯이 사소한 일에도 크게 흥분하고 머리와 팔, 그 밖의 신체 일부를 휘두르며 돌아다니는 사람이 있다. 이런 행동은 절대로 금물이다. 조심스럽고 부드럽게, 그러나 상대의 눈을 똑바로 응시해야 한다. 상대의 옷소매와 단추를 잡거나 손가락 사이에 무언가를 끼우고 주물럭거려서는 안 된다. 가정교육을 잘 받은 사람, 배려심이 있는 사람은 품위 있는 태도가 자연스럽게 드러나기 마련이다. 기분 좋은 만남을 위해서는 이러한 자연스러운 품위를 익힐 필요가 있다.

내가 여기서 한 말들을 가볍게 여겨서는 안 된다. 가정에서도 작은 교제의 법칙을 만들고 지킬 필요가 있다. 예의를 자신의 '제2의 본성'으로 삼을 필요가 있다. 그런데 종종 우리는 이러한 배려를 게을리 하고 만다. 허심탄회한 관계에 익숙한 자리에서 갑자기 예의범절을 따지는 것은 거북한 느낌을 들게 한다.

사교의 법칙에 대하여 일일이 쓰려고 한다면 얼마든지 쓸 수 있다. 예를 들자면 다음과 같다. 남의 이야기를 끊어서는 안 된다. 음식 권유를 받았을 때는 먹고 싶지 않더라도 자신의 접시에 조금 더는 것이 예의이다. 그러지 않으면 다른 사람이 당신의 것을 남겨두어야 하기 때문이다. 사교 모임에서는 타인에게 최대한 자신의 등을 보이지 않도록 주의할 필요가 있다. 또한 직책과 이름을 잘못 말해서는 안 된다. 예의를 엄격히 지키는 사람들의 모임에서는 윗사람이 자신의 오른쪽에 올 수 있도록, 또 세 명이 있을 경우에는 윗

사람이 가운데 오도록 배려해야 한다. 창가에 있을 때, 창밖에서 윗사람이 지나가다가 인사를 할 경우에는 잠시 창문을 열어야 한다. 적어도 창문을 열려는 태도를 취해야 한다. 특히 윗사람이 말을 타고 지나간다면 반드시 그렇게 해야 한다. 누군가와 이야기를 할 때는 상대의 얼굴을 똑바로 응시해야 한다. 물론 빤히 쳐다봐서는 안 된다. 이야기는 알기 쉽고 간략해야 하며 쇳소리가 나지 않도록 목소리를 조정하여 품위를 잃지 않도록, 또한 과장된 표현을 하지 않도록 주의해야 한다. 여성과 함께 걸을 때는 보폭을 맞추며 몸이 닿지 않도록 상대 여성을 배려해야 한다. 그녀가 남성의 오른쪽에서 걷는 것을 싫어한다면 당신의 왼쪽 편을 내주어 왼쪽으로 걸을 수 있게 배려해야 한다. 계단을 오를 때는 여성이 먼저 오를 수 있도록 하고 내려올 때는 여성이 뒤에서 내려올 수 있게 해야 한다. 상대가 이해할 수 없는 이야기는 삼가야 한다. 자세히 설명해도 서로에게 도움이 되지 않는 경우와 이야기의 내용이 그다지 가치가 있는 것이 아니라면 차라리 아무 말도 하지 않는 것이 낫다.

신분이 높은 사람 중에는 특정한 편견을 가진 사람이 있다. 그들은 자신보다 신분이 낮은 사람이 마치 동료처럼 말하는 것(예를 들어, '어제 함께 산책했을 때….' '어제 게임에서는 우리 팀이 이겼지요.' 등과 같은 말투)을 싫어한다. 그들은 이 세상에서 명성을 알릴 수 있는 인물은 자신밖에 없다는 듯한 대접을 기대하고 있는 것이다. 그들은 '각하가 승리를 거뒀습니다.' 라는 말을 듣고 싶어 한다(고작해야 '우리가' 라는 말이 덧붙을 뿐이지만).

식사 자리에서 한 번 쓴 숟가락은 두 번 다시 테이블 위에 올려놓지 않는다(실제로는 이렇게 하는 사람이 많지만). 사람과 스쳐지나가면서 인사를 할 때는 모자를 벗어 제삼자가 지나가지 않는 쪽으로 들고 있는 것이 예의다. 그러면 제삼자와의 접촉도 피할 수 있고 제삼자가 방해가 되어 지인의 얼굴이 보이지 않는 일도 없다. 상대에게 물건을 건넬 때는 맨손으로 건네주어서는 안 된다. 사교장에서 누군가의 귀에 속삭이거나, 식사 자리에서 등을 굽히고 앉거나, 품행이 좋지 않은 행동을 하거나, 타인의 이러한 행동을 묵인하는 것은 적절하지 않다. 여성과 윗사람이 동석했을 때는 그들이 먼저 식사하기를 기다려야 한다. 사교모임에서 가벼운 유흥을 망치는 것은 예의에 어긋난다. 예를 들어 누군가 카드로 마술을 보여주고 있는데 주변 사람들이 그 비밀을 알고 있다고 해서 따분한 표정을 짓는 등의 태도는 예의에 어긋난다.

이제 이런저런 사소한 사교의 법칙에 대해서는 그만하기로 하겠다. 일정한 지위가 있고 고등 교육을 받은 사람이라면 철이 들면서부터 이러한 사교 법칙을 익히기 마련이다. 단 한 가지 반드시 기억해 주기를 바라는 것이 있다. 이렇게 사소한 것이 많은 사람들의 눈에는 사소하게 보이지 않고 당장의 행복이 이러한 사람의 손에 달려 있다는 것을 잊지 말기 바란다.

복장에 대하여

어떻게 행동해야 예의범절에 어긋나지 않는가에 대해서는 이 정도로 하겠다. 그러나 복장에 대해서는 조금만 더 이야기하기로 하겠다. 옷을 입을 때는 신분 이상의 복장을 해서는 안 되고, 신분 이하의 복장을 해서도 안 된다. 화려하지도 초라하지도 않게, 또한 필요 이상으로 화려하고 비싼 옷을 입지 않도록 주의해야 한다. 고상한 취향을 느낄 수 있도록 청결을 유지하라. 복장에는 돈을 써야 할 경우에도 지나친 사치를 피할 수 있도록 하라. 너무 오래된 옷도 안 되지만 천박한 최신 유행도 안 된다. 신분이 높은 사람이 모이는 곳에 갈 때는 평소보다 더욱 신경을 써야 한다. 그 자리에 어울리지 않는 옷을 입고 있다는 것을 깨닫는 순간 불편함을 느끼기 마련이다.

사교장에서의 작은 무례

사교장에서 해서는 안 되는 작은 무례는 그 밖에도 많다. 이러한 무례를 사교장에 모인 사람들이 멋대로 행한다면 어떤 일이 벌어질지 항상 염두에 둬야 한다. 몇 가지 예를 들어보자. 교회에서 설교 도중에 잠을 자는 것. 콘서트 중에 떠드는 것. 상대 등 뒤에서 다른 사람과 속삭이거나 눈짓을 하는 것(이런 행동을 하면 빈정거린다는 오해를 살 수 있다). 일반적인 사교 모임에서 귓속말을 하는 것. 춤을 잘 추지 못하면서 남에게 그 모습을 보이거나, 형편없는 연주 실력으로 남에게 자신의 연주를 들려주어 오히려 조롱의 대상이 되거나 하품을 유발하는 것. 자신을 피하려는 사람을 발견하면 일부러 다가가는 것. 카드 게임을 할 줄 모르거나 생각하는 데 시간이 많이 걸리면서도 게임에 참석하려 하여 상대방이 인내의 한계를 느끼게 하고, 엉뚱한 카드를 던져 같은 편에게 손해를 입히는 것. 춤을 추면서 멜로디를 중얼거리는 것. 연극 도중에 앞으로 나가 뒷사람의 방해를 하는 것. 어떤 모임이든 항상 지각하고, 조퇴하고, 혹은 사교 모임의 다른 사람보다 오래 머물고 있는 것.

여기서 말한 무례함은 반드시 피하자. 타인의 서류를 훔쳐보지 마라. 독서나 일을 하고 있을 때 남이 훔쳐보는 것을 싫어하는 사람이 많다. 서류나 귀중품이 놓여 있는 방에 혼자 있어서는 안 된다.

사교장에서의 작은 무례

사교 모임에 얼마나 자주 참석을 하는 것이 좋은가에 대한 질문을 받을 때가 있다. 이 질문에 대한 대답은 각자의 상태와 필요, 상황에 따라, 무엇을 배려해야 하는지에 따라 각자 달라진다. 그러나 대략적으로 말하자면 다음과 같은 준비가 필요할 것이다. 남의 집에 너무 자주 가서는 안 된다. '당신은 왜 그렇게 가끔씩밖에 오지 않나요?' 라는 말을 듣는 것이 '항상 당신을 볼 수 있네요.' 라는 말을 듣는 것보다—한꺼번에 모든 사람을 만족시킬 수는 없으니까—낫다.

사람은 원래 어느 정도 참석을 해야 좋은 것인지를 판단할 능력을 갖추고 있다(지나친 허영심과 자기만족에 빠져 있는 사람은 별개이지만). 이 능력은 우리가 과연 그 자리에 있는 것이 바람직한지 바람직하지 않은지, 떠나야 할 때인지 아직 남아 있어야 할지를 가르쳐 준다.

어쨌거나 나는 다음과 같이 하는 것을 추천한다. 신뢰를 하며 만나는 상대를 가능한 한 적게 하여 작은 틀을 유지하고, 이 틀을 넓힐 때는 충분한 주의가 필요하다(물론 스스로 조정할 수 있는 범위 내에서)는 것이다. 자신이 상대로부터 신뢰를 받고 있다는 것을 깨닫자마자 당장에 상대를 가볍게 여기거나 이용하려는 사람이 있다. 쾌적한 인생을 영위하기 위해서는 사람들 속에서 본인은 항상 '외부자' 로 남아야 한다. 그러면 당신은 존경과 존중을 받게 될 것이다.

때문에 대도시에서 사는 사람의 인생이 더 편리하다. 대도시에서는 매일 다른 사람과 만날 수 있기 때문이다. 평소부터 내성적인 사람은 별개지만, 모르는 사람들 사이에 섞여 앉아 있는 것은 일반적으로 즐거운 일이다. 그곳에서는 평소 들을 수 없는 이야기를 들을 수 있다. 특별히 마음의 준비가 필요하지도 않고 조용히 주변 사람을 관찰할 수 있기 때문이다.

과도한 기대를 하지 않도록 주의하라

모든 사교의 장에서 지나치게 큰 기대를 하는 것은 바람직하지 않다. 주변에 누가 있든 자신만이 주목을 받고 모든 사람의 이목이 자신에게 집중되기를 바라는 것은 피해야 한다. 만약 이렇게 지나친 기대를 버리지 못한 채 사교 모임에 출석한다면 어딜 가더라도 자신이 무시당하고 있다는 느낌이 들 것이다. 어쩌면 비참한 역할을 맡거나 상대를 따분하게 하고 자신도 따분해져 사람들을 멀리하며 괴로운 사교의 장으로부터 도망쳐 결국은 사교계로부터도 꺼리게 되는 결과로 끝나고 말 것이다.

내 지인 중에는 나서지 않는 것이 유리한 상황임에도 불구하고 자신이 만물의 중심이 아니면 직성이 풀리지 않는 사람들이 많다. 일상생활 속에서도 흔히 볼 수 있듯이 자신과 어깨를 나란히 할 수 있는 사람이 주변에 있는 것을 참지 못하는 사람도 많다. 이런 사람은 기대와 요구와 의뢰를 받는 인간이 주변에 자신 밖에 없는 상황이 되면 당장에 적절한 행동, 위대하고 고귀하고 친절하며 유익하고 재치 넘치는 행동을 한다. 그러나 그들은 자신이 다른 모든 사람 중의 한 사람이 되면 곧바로 비열하게 행동하며 저속한 질투심에 빠지고 만다. 그들은 스스로의 손으로 설계하지 않은 가옥, 적어도 자신이 착공 연설을 하지 않은 건축물은 무엇이든 파괴하려 한다. 아니, 자신의 집조차 타인의 작은 장식품이 섞여 있는 것만으로도 집 자체를 파괴하려 한다. 이것은 인간관계의 정도를 벗어난 불행한 감정이다. 자신이 행복하게 살며 타인을 행복하게 만들어주기 위해서는 이 세상에 대한 기대와 요구를 최대한 적게 품는 것이다. 나는 그러기를 권한다.

행동에 변화를 줄 것

교제 시에는 상대에 따라 약간의 행동거지에 변화를, 또한 상대를 존중하는 정도에 따라 변화를 주어야 한다. 상대를 가리지 않고 손을 내밀어 악수를 청해서는 안 된다. 상대를 가리지 않고 포옹으로 인사를 해서는 안 된다. 상대를 가리지 않고 자신의 본심을 드러내서는 안 된다. 만약 당신이 상대를 가리지 않고 아무에게나 우정과 친절을 베푼다면 정말로 소중한 친구와 진정으로 사랑하는 사람에게 무엇을 해 줄 수 있겠는가? 당신이 표현하는 우정을 과연 누가 신용할 수 있겠는가? 과연 누가 당신이 보여준 우정을 가치가 있다고 여기겠는가?

항상 같은 태도로 행동할 것

주변 사람들을 대할 때는 항상 같은 태도로 행동할 필요가 있다. 오늘은 따뜻하고 내일은 냉정한 행동을 취하지 않도록 주의해야 한다. 오늘은 거칠고 내일은 기분 나쁠 정도로 정중하고 너그러운 사람, 혹은 오늘은 쾌활한 사교가이고 내일은 무뚝뚝하게 인형처럼 차가운 사람—이런 사람과 교제를 하면 곤혹을 치를 수 있다. 기분이 좋을 때나 당신보다 높은 사람이 주변에 없을 때, 혹은 당신 이외에는 주변에 아부를 해 줄 사람이 없을 때, 이런 종류의 사람은 마음이 넘치는 우정을 표현한다. 당신은 그의 우정을 믿고 며칠 뒤에 상대의 집을 방문한다. 왜냐하면 그는 당신과 함께 있는 것을 기뻐하며 '가끔 우리 집에 놀러오세요.' 라며 친절하게 권하기 때문이다. 그러나 실제로 그의 집을 찾아가면 냉정하고 험악한 대접을 받을 뿐이다. 제대로 대화도 나누지 않은 채 당신을 방 한구석에 앉힌다. 고작해야 한두 마디를 나눌 뿐이다. 그가 이렇게 행동하는 것은 불과 얼마 전에 당신 이상으로 그를 소중하게 여기며 당신 이상으로 아부하는 사람이 그를 찾아왔기 때문이다. 이러한 사람을 대할 때는 상대가 눈치 채지 못하도록 조용히 거리를 두는 것이 좋다. 그리고 나중에 그가 따분해 할 때 다시 당신을 찾는다면 당신 또한 상대에게 거리를 두는 태도를 취하며 멀리하는 것이 좋다.

상대에게 장점을 발휘할 기회를 줘라

만약 당신이 타인에게 호감과 칭찬을 받고 싶다면 두드러지는 행동을 해서는 안 된다. 오히려 상대방이 장점을 발휘할 기회를 주는 것이 중요하다. 나는 온갖 사교 모임에서 사리분별력과 재치가 넘치는 사람이라는 평판을 들어 왔다. 그런데 사실 나는 사교 모임에서 재치 있는 말을 단 한마디도 한 적이 없다. 나는 그저 상류사회 풍의 약간은 지적이지만 전혀 쓸모가 없는 이야기에 대하여 모범적으로 참으며 귀를 기울여주었을 뿐이다. 아니면, 자랑거리가 있는 상대와 이야기할 때는 더욱 상대의 자랑거리에 초점을 맞춰주었을 뿐이다.

수많은 사람들이 나를 찾아와(때로는 쓴웃음을 참을 수 없을 때도 있지만) 거만한 태도로 이런 말을 한다. "당신처럼 훌륭한 지식인이자 문필가에게 경의를 표하기 위해 이곳에 왔습니다." 그들은 이렇게 말하며 자리에 앉아 정작 칭찬한 당사자인 내게는 한마디도 하지 못하게 혼자 떠벌리기 시작한다. 그들은 내용이 풍부하고 기분 좋은 내 말투에 매료되어 돌아가지만, 사실 나는 20개 정도의 단어 정도만을 구사할 뿐이다. 그들은 내가 사리분별력이 뛰어난 사람이라고 크게 만족하지만, 실제로는 내가 상대방의 이야기를 묵묵히 들어준 것만으로 사리분별력이 뛰어나다고 판단하는 것이었다.

앞에서 말했듯이 경박한 사람과 교류를 할 때는 인내심이 필요하다. 항상 같은 이야기만 반복하는 사람이 있다. 당신은 그 이야기를 벌써 몇 번이나 들었고 그뿐만이 아니라 그가 떠벌리고 있는 이야기는 사실 당신이 그에게 전한 이야기인 경우도 있다. 그럴 때 당신은(만약 그가 그럴 가치가 있는 사람이라면) '나는 그 이야기를 몇 번이나 들어서 따분하다.' 라는 태도를 여봐란 듯이 드러내서는 안 된다. 그런 인내심은 불성실한 태도일지도 모른다. 그러나 만약 인내하여 상대에게 상처를 주지 않고, 또한 당신의 평판이 높아질 수 있다면 그 인내심은 '죄 없는' 불성실한 태도라 할 수 있다.

세상에는 농담을 즐기는 사람, 담배나 와인을 함께 즐길 수 있는 사람을 원하는 사람 등, 남에게 해가 되지 않는 즐거움을 즐기는 사람이 있다. 그런 사람들에게는—억지나 거짓이 없는 범위 내에서—잠시 상대를 해주어도 괜찮다. 그러나 궁중 사람들에게서 흔히 볼 수 있는 저속한 풍습을 바람직하다고 여긴 적은 한 번도 없다. 그들은 남의 이야기를 제대로 듣지 않는다. 남에게 이야기를 청해 놓고 끝까지 다 듣지도 않고 중간에 말을 끊어버린다.

어떤 모임이라도 배울 점이 있다

어떤 모임이나 대화 속에서도 배울 점과 새로운 경험, 혹은 대상에 대한 새로운 소재를 발견할 수 있다. 그런 것들을 찾을 수 없을 정도로 무의미한 모임과 대화는 없다. 나는 여러분에게 이 사실을 믿으라고 권한다. 그것이 당신은 물론이고 타인을 위한 것이기도 하기 때문이다. 그렇다고 해서 학식과 세련된 문화를 모든 사교 모임에서 추구하는 것은 불가능한 일이다. 오히려 건전한 상식으로 만족하는 것이 중요하다. 사교 모임에서는 상식적인 이야기를 주제로 삼아 상식을 적용해야 한다. 그리고 여러 부류의 사람들과 교류하는 것이 좋다. 그러면 때와 장소에 걸맞은 예의와 분위기를 자연스럽게 익힐 수 있게 된다.

어떤 사람과 교제해야 할까?

어떤 사람과 가장 많은 교류를 해야 할 것인가? 물론 각자의 상황이 모두 다르기 때문에 이 질문에 대한 대답 또한 달라진다. 그러나 누군가를 선택해야 한다면(그리고 본인이 생각하는 것 이상으로 인간은 교제 상대를 고르고 있다) 자신보다 현명한 사람을 선택해야 한다. 현명한 사람과의 교류를 통해 여러 가지 배울 점이 많기 때문이다. 그런 사람들은 우리에게 아부도 하지 않고 업신여기지도 않는다.

그러나 대부분의 사람들은 자신의 이야기를 그대로 들어줄 사람, 다시 말해 동화 속에 나오는 요정 같은 존재를 주변에 두길 원한다. 요정들은 마술봉을 휘두를 때마다 우리를 감싸고 춤을 춘다. 자신의 이야기만 들어주는 사람과 교제한다면 현재의 상태에서 전혀 발전할 수 없다. 지혜와 감정과 의지가 연마되지 않은 채 멈추고 만다.

온갖 능력을 가진 사람들과 교류하는 것은 유용하고 배울 점이 많다. 아니, 배울 점이 많은 사람과의 교류는 우리에게 하나의 의무이다. 반대로 우리에게서 무언가 배울 점이 있는 사람에게 우리와의 교류는 의무이자 하나의 권리이기도 하다.

그러나 이런 생각을 극단적으로 강요해서는 안 된다. 인간의 개성이라는 것은 그 사람의 황금기에 참고 연마하고 노력한 결과물이다. 그러므로 이러한 개성을 흔들어서는 안 된다.

외국에서의 교제 방법

처음 가는 외국이나 도시에서 사람들과의 만났을 때는 여러 가지 면에서 행동을 조심할 필요가 있다. 우리가 잘 알지 못하는 외국에 가는 것은 무언가 배울 것을 찾거나 정치와 경제적인 면에서 어떤 장점이 있는지를 보거나, 혹은 단순히 즐거움을 추구하거나 힐링을 하기 위해서이다. 때문에 충분한 배려가 필요하다. 예를 들어 무언가 배우기 위해 외국 여행을 할 경우, 자신이 지금 여행하고 있는 나라가 어떤 나라인지, 그 나라에서 위험한 상황이나 화가 날 상황에 마주하지 않고 자유롭게 발언해도 좋을지, 혹은 무엇이든 자유롭게 질문할 수 있는지 등을 자세히 조사할 필요가 있다. 이러한 준비를 하는 것은 지나침이 없이 당연한 일이다. 아쉽지만 독일의 각 도시에서는 어두운 면을 드러내는 것을 싫어하기 때문에 지나친 탐색 행위는 엄중한 처벌을 한다. 그런 나라를 여행할 때는 대화를 하거나 조사를 할 때와 마찬가지로 교류 상대를 선택할 때도 충분한 주의가 필요하다.

외국에 가서 그 나라의 국내 정세에 대하여 이러쿵저러쿵할 권한이 있는 여행자는 기본적으로 거의 없다. 그럼에도 불구하고 대다수의 사람들이 어리석은 호기심 때문에 외국의 술집과 우체국, 사교 클럽, 그리고 우울증 학자들의 모임에까지 참석한다. 그리고 확실하지도 안은 소문을 수집하여 가십거리 단편집을 만들곤 한다. 만약 자신과 타인을 위해서라면 외국의 술집에 가는 것은 그렇다 치더라도 뜬소문만을 수집하지 말고 뭔가 배울 점들을 발견해야 할 것이다.

여기서 말한 것들의 두 배 이상 조심해야 하는 경우가 있다. 그것은 당연하겠지만, 당신이 타국에서 무언가를 추구하거나 요구할 경우이다. 정부의 정책에 불만을 품고 있는 현지 사람들은 외국인에게 접근하기를 좋아한다. 왜냐하면 그 사람들은 자신의 잘못으로 인해 동포들 사이에 악명이 자자해 시민으로서 발전의 길이 막혀 있기 때문이다. 그들은 시민으로서 영달의 길이 가로막혔다는 것을 알자마자 마치 이솝 우화에 나오는 여우처럼 자신의 손에 닿지 않는 포도송이를 바라보며 "저 포도는 셔."라고 말하듯이 영달의 길을 경멸하고 있다는 듯이 가장하고 있다.

외국에 가면 우리의 행동은 현지인들의 주목을 받기 마련이다. 이러한 불만분자와 교제하는 것은 피해야 한다. 이런 부류의 인간은 술집 같은 곳에서 외국 여행자에게 접근하여 그들을 데리고 도시 구석구석을 안내하며 주변 사람들에게 '저 사람은 외국인과 관계가 깊은 것 같다'는 생각을 하게 한다. 대부분의 경우 그들은 말하기를 좋아하고 즐거운 이야기와 무서운 이야기 등을 교묘하게 섞어가며 말하는 도선사인 셈이다. 만약 2, 3일 정도의 짧은 기간이라면 그들과 함께 즐기며 거리를 돌아다녀도 문제가 없을 것이다. 사리분별력이 있는 사람들의 의심 어린 눈초리를 사지 않을 것이다. 그러나 한 도시에 오래 머무르며 여러 사람과 교제하고 싶다면, 혹은 사업을 성공으로 이끌고자 한다면 그 도시 사람들의 이야기에 귀를 기울인 후에 교제 상대를 선택하는 것이 바람직하다.

위에서 말한 불평분자들은 어디를 가나 거의 존재한다. 정치에 불만을 품고 있을 경우와 단순히 사회에 불만을 품고 있는 등, 여러 가지 경우가 있지만 당신은 이런 사람들과 어울리거나 교제 상대로 선택해서는 안 된다. 그들은 자신이 세상으로부터 정당한 평가를 받지 못하고 있다고 믿고 있다. 어쩌면 그들은 침착성이 없는 사람이거나, 험담만 하는 사람, 무리한 요구만을 하는 사람, 책략가, 부도덕한 사람들이다. 이런 사람은 시민들로부터 버림을 받기 마련이다. 때문에 그들은 아부를 하며 사리분별력이 있는 성실한 외국인에게 접근하여 일종의 동맹관계를 형성하려 한다. 그렇게 함으로써 자신의 지위 향상을 꾀하려는 것이다. 불쾌한 상황에 마주하지 않고 인생을 영위하고 싶다면 이런 사람들과 관계를 맺지 않아야 한다. 아니, 흔히 말하는 '당파'나 '파벌'이라 불리는 것과는 거리를 두어야 한다.

사적인 일에 타인을 끌어들이지 마라

사적인 일에 타인을 끌어들여서는 안 된다. 당신이 누군가와 대립하고 있는 경우에도 자신이 지금 교제하고 있는 제삼자에게 편이 되어달라고 부탁해서는 안 된다.

무언가 바라는 것이 있다면 부탁을 하라

사회생활 중에 누군가에게 일시적으로 편의를 제공받기를 바라는 경우가 있다. 아니면 도움을 받거나 특별한 배려가 필요한 경우가 발생한다. 그밖에도 조국의 도움이 되는 직업에 종사하고 싶다는 생각이 드는 경우도 있다. 어떤 경우든 당신이 간절히 부탁하며 애원할 필요조차 있다. 당신이 부탁하지 않더라도 누군가(상대 또한 당신을 필요로 할 경우가 발생할 수 있기 때문에) 자발적으로 당신을 돕겠다고 나설 것이라는 기대를 해서는 안 된다. 누가 보더라도 당신의 모습이 도움을 필요로 하는 상황이고 도움을 받는 것이 당연한 경우에서조차 이런 기대를 해서는 안 된다.

인간이란 누구나 자신과 자신의 가족을 배려하기 마련이다. 자기주장을 하지 않고 소극적인 남자가 본인의 재능을 펼치지도 못하고 있을 때, 아니 아사 직전의 순간 조차도 인간이란 타인보다 자신을 걱정하기 마련이다. 때문에 수많은 유능한 인물이 평생 그 존재를 알리지 못하고 국가에 헌신할 방법을 모른 채 삶을 마감한다. 이것은 그들 스스로 머리를 숙이고 청하지 않았기 때문이다.

남을 돕는 데도 한도가 있다

앞에서도 말했던 것처럼 남에게서 받는 것보다는 본인이 사람들에게 나눠주는 것이 중요하다. 그러나 남을 위해 지나치게 이것저것을 해주는 것도 바람직하지 않다. 부탁을 받았을 때는 항상 도움을 주는 것이 좋겠지만 강요를 해서는 안 된다. 상대를 가리지 않고 친구가 되는 것은 삼가야 한다. 특히 조심해야 할 것은 상대를 가르치려는 태도이다. 그럴 입장이 아닌 사람은 타인을 가르치려 들어서는 안 된다. 충고를 해주어도 고맙게 여기는 사람은 극소수에 불과하다. 그뿐만이 아니라 사람이란 조언을 청할 때조차도 대부분의 경우에 자신이 어떻게 할 것인지를 마음속으로 정하고 있다. 다시 말해 자신의 마음에 드는 방식대로 하겠다고 이미 결심이 선 상태이다.

달리 해 줄 것이 없다면 모르겠지만, 그렇지 않을 경우에는 사소한 일(물건을 사러 가주는 등)을 먼저 나서서 해 줄 필요는 없다. 그것은 오히려 상대에게 부담을 줄 뿐이다. 불필요한 참견은 하지 않는 것이 낫다. 이런 일은 돈과 시간을 낭비한 것에 비해 상대가 고마워하는 일은 드물고 만족하는 경우도 거의 없다.

남의 집안일에 이러쿵저러쿵 참견해서는 안 된다. 나는 몇 번인가 배려하는 마음으로 참견을 했다가 오히려 나쁘게 받아들여진 경험이 있다. 허심탄회한 상대를 제외한다면 싸움의 중재에 나서 화해를 시키려고 하지 않는 것이 낫다. 대부분의 경우 싸움의 당사자들이 일치하여 당신을 공격 대상으로 삼기 일쑤다. 남녀를 소개시키거나 중매를 하는 것은 하늘에 맡기거나, 아니면 참견하기 좋아하는 중년 여성에게 맡기는 것이 좋다.

뒤돌아서 후회 않는 사교술

타인을 어떻게 판단해야 할까

상대의 됨됨이를 판단할 때는 '상대가 무슨 말을 하는지'를 단서로 삼지 말고 '상대가 어떤 행동을 하는 사람인지'를 단서로 삼아야 한다. 단, 상대를 관찰할 때는 관찰하고 있다는 것을 들켜서는 안 된다. 상대가 정장을 하고 바르게 행동하는 것을 보는 것은 별 의미가 없다. 오히려 작은 동작의 특징에 주의를 기울일 필요가 있다.

작은 동작의 특징에 주의를 기울인다는 것은 다음과 같은 것이다. 건강한 사람이 잠에서 깼을 때 어떤 기분인지. 어떤 음식과 어떤 음료수를 좋아하는지, 질보다는 무조건 양이 많은 요리를 좋아하는지, 아니면 맛이나 모양새에 손이 많이 간 고상한 요리를 좋아하는지, 걸음걸이는 어떤지, 혼자 외출하는 것을 좋아하는지, 아니면 항상 동반자와 팔짱을 끼고 걷는 것을 좋아하는지, 곧게 걷는 사람인지, 아니면 갈지(之)자로 걸으며 함께 걷는 사람의 발을 밟는지, 혼자서는 아무것도 하지 못해 항상 누군가와 함께하며 사소한 일에도 타인의 의견을 구하며 남들은 어떻게 하고 있는지를 알고 싶어 하는 사람인지. 물건을 떨어뜨리면 바로 줍는 사람인지, 아니면 천천히 자세를 취하며 바른 자세를 취할 때까지 기다리는지, 남의 이야기를 끊으며 본인만 이야기하려 하는 사람인지. 비밀 이야기를 좋아하여 사람들에게 몰래 비밀 이야기를 하는 사람인지, 무슨 일이든 전부 자신이 결정하는 사람인지 등등 당신은 상대의 모든 행동을 관찰해야 한다. 단, 온갖 행동의 특징을 통해 상대의 성격을 유추하고자 할 때는 공정성과 객관성이 필수이다.

당신에게 친절하게 대하는 사람이라고 해서 그 상대와만 친하게 지내서는 안 된다.

본인이 희생을 해도 좋다고 여길 정도가 돼야 비로소 애정과 우정은 흔들림 없이 확고한 것이라고 믿을 수 있다. 진심으로 혼신을 다하고 있다는 것처럼 행동하는 사람은 많다. 그러나 그들 대부분은 상대의 이익을 위해 본인이 포기해야 하는 상황이 오면 당장에 등을 돌리고 만다. 어떤 사람이 가치가 있는 인물인지를 알고 싶을 경우에 당신은 다방면으로 꼼꼼하게 살펴볼 필요가 있다. 만약 당신이 상대가 원하는 것은 무엇이든 다 해주고 싶다고 생각한다면 이런 사교술 같은 것은 필요 없을 것이다. 단, 자신을 억제하면서 상대를 위한 일을 하고자 한다면 반드시 사교술의 응용이 필요할 것이다.

주의해야 할 규칙

사교 모임에서 누군가의 소문에 대하여 남에게 전할 때는(물론 이런 행위는 권장할 수 없고, 몰래 귓속말을 하는 행위 또한 바람직하지 않지만) 적어도 소문의 당사자를 바라보지 말아야 한다. 반대로 누군가 당신에 대한 이야기를 하는 것을 들었을 때에도 그쪽으로 눈길을 돌려서는 안 된다. 그러면 오히려 당신이 사람들의 주목을 받게 된다. 남의 이야기를 듣는 데 귀는 필요하지만 눈은 필요하지 않다.

수미일관된 태도를 보여라

옳다고 생각하여 일단 정한 방침은 결코 꺾어서는 안 된다. 예외를 인정하는 것은 위험한 일이다. 작은 예외는 항상 큰 예외로 이어지기 마련이다. 남에게 책을 빌려주지 않는다, 알코올을 입에 대지 않는다 등등 자신이 한 번 결정한 것은 부모님이 뭐라고 하더라도 가볍게 깨서는 안 된다. 단호한 자신만의 방침을 관철시켜야 한다. 또한 가볍게 방침을 세워서도 안 된다. 어떤 상황으로 이어질지 방침을 세우기 전에 모든 가능성을 생각해야 한다. 또한 사소한 것에 집착해서도 안 된다.

그리고 가장 중요한 것은 수미일관(首眉一貫)된 태도를 보여줄 필요가 있다. 일단 처세의 방침을 세웠으면 조금이라도 변경해서는 안 된다. 당신이 세운 처세 방침이 남의 눈에는 이질적인 것으로 보일 수도 있다. 그러면 사람들이 그 내용에 대하여 당신에 대하여 비평할지도 모른다. 그러나 그것도 시간이 흐르면 잠잠해지기 마련이다. 오히려 시간이 흐르면 당신은 그들을 마음먹은 대로 움직이게 할 수 있고 당신을 존경하게 될 것이다.

인내하며 자신의 방침을 지킨다면 반드시 성공할 수 있다. 처세 방침이란 예를 들자면, 무언가를 만들 때 필요한 재료와도 같다. 옳고 그른 것은 오래 지속하는지에 달려 있다. 매우 성실한 사람조차도 정당한 평가를 받지 못하는 경우가 종종 있다. 그 이유를 생각해보면 다음과 같은 것을 깨닫게 된다. 이 사람들의 행동은 일반 사람들과의 행동양식에서 벗어나 보조를 맞추지 않기 때문이다. 하물며 아무리 훌륭한 행동이라도 주변 사람들은 그 목적과 진의를 의심의 눈초리로 바라보게 되는 것이다.

항상 양심을 잊어서는 안 된다

항상 양심을 잊어서는 안 된다. 어떤 목표를 세우고, 어떤 수단을 이용하더라도 자신의 양심에 비추어봤을 때, 양심의 가책이 느끼는 것이 있어서는 안 된다. 결코 굽은 길을 가지 말고 정도를 걷는 사람만이 좋은 결과와 신의 가호, 역경에 처했을 때 주변의 도움을 기대할 수 있다. 가령 운이 좋지 않을 시기가 한동안 이어진다 할지라도, 당신은 흔들림 없는 마음을 확신하고 자신의 목표가 옳다는 확신을 가져야 한다. 그러면 반드시 활력을 되찾아 마음의 평온이 찾아올 것이다. 언뜻 보기에 행복한 웃음을 짓고 있는 간사한 마음의 소유자보다, 역경에 처해 있을 때 당신의 표정이 훨씬 더 매력적으로 보이기 마련이다.

제2장

자기 자신과의 사교에 대하여

자기 자신과의 교제를 소홀히 해서는 안 된다

자기 자신에 대한 의무는 가장 중요한 의무이다. 따라서 나라는 인간과의 교제는 결코 무의미하거나 하찮은 일이 아니다. 언제나 사람들 사이를 어슬렁거리며 남들과 교제만 하고 자신과의 교제를 소홀히 하거나 자신의 연마를 게을리 하면서 남의 일에 참견하며 마치 스스로에게서 도망치려고 하는 것 같다면, 그것은 용서하기 어려운 일이다. 매일 이리저리 돌아다니는 사람은 정작 자신의 집에서는 남처럼 된다. 항상 기분전환을 하며 살아가는 사람은 자기 마음의 소유자가 된다. 한가한 사람들의 집단 속에서 자기 내부의 권태감을 해소할 수밖에 없다. 자기에 대한 자신감을 잃어 자신과 마주해야 할 상황이 닥치면 당혹감을 감추지 못한다. 듣기 좋은 말만 해주는 친구만을 추구하는 사람은 진실의 목소리에 대한 즐거움을 잃어 결국에는 자기 내부로부터의 진실한 목소리에 귀를 기울이지 않게 된다. 그럼에도 불구하고 여전히 양심이 무언가 불쾌감을 드러내면 선악의 목소리를 지울 수 있는 사람들의 잡다함 속으로 도망치고 만다.

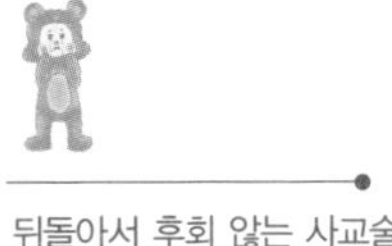

뒤돌아서 후회 않는 사교술

본인에게 자신이 가장 필요한 순간

그러므로 본인에게 가장 충실한 벗인 자신에게 너무 매정하여 가장 중요한 순간에 등을 돌리지 않도록 조심해야 한다. 설령 모든 사람으로부터 버림을 받더라도 본인은 자신을 버려서는 안 될 순간이 있기 마련이다. 자신과의 교제가 유일한 위안이 될 순간이 있다. 그러나 이때 자신의 마음과 평온하게 지낼 수 없거나 자신의 마음으로부터도 전혀 도움을 받을 수 없다면 과연 어떻게 되겠는가?

자신에 대해서 성실하고, 공정하게 대해야 한다

그러나 자신과의 교제에서 위안과 행복, 평안을 바란다면 타인을 대할 때와 마찬가지로 자신에 대해서도 주의 깊고, 섬세하고, 공정하게 대해야 한다. 심한 처우로 화나게 하거나 풀이 죽게 해서는 안 된다. 소홀히 하며 가볍게 여기거나 지나친 과시로 인해 추락시켜서는 안 된다.

건강을 배려해야 한다

심신의 건강에 주의를 기울여야 한다. 그러나 어리광은 금물이다. 건강을 해치는 사람은 재산을 낭비하는 사람이다. 인간이 운명에 초연할 수 있는 유일한 조건은 건강이라는 재산 덕분이다. 몸이 건강하지 않다면 이 세상의 그 어떤 보물도 가치가 사라진다. 그러나 체력을 소모하거나 단련하는 것을 싫어하여 작은 바람이 부는 것조차 두려워한다면 나약한 허수아비와 같은 삶과 마찬가지다. 체력이 필요한 상황에서 이미 녹슨 용수철을 작동시키려 한다면 소용이 없다. 마음을 항상 감정의 폭풍우에 맡긴 채 온종일 정신의 돛이 팽팽한 긴장 상태에 있는 사람은 새로운 발견을 위한 가장 적절한 순간이 찾아왔을 때 좌초하고 만다. 아니면, 역풍에 지친 배를 조종하여 고향으로 되돌아가야 한다. 그러나 지력, 기억력이 나태해진 인간, 사소한 분쟁이나 불쾌하고 성가신 일로부터 도망치려 하는 사람은 진정한 즐거움을 알지 못한다. 힘, 용기, 결단이 필요

Vision is the art of seeing things invisible.
비전이란 보이지 않는 것을 보는 기술이다.
Jonathan Swift

한 순간에 방황하고 만다.

단순한 착각으로 심신을 괴롭혀서는 안 된다. 불쾌한 일과 건강이 좋지 않다고 해서 낙담만 하고 있어서는 안 된다. 용기를 내야 한다. 걱정은 아무 도움도 되지 않는다. 이 세상의 모든 것은 일시적일 뿐이다. 모든 것은 인내로 극복할 수 있다. 다른 것에 주의를 돌리면 잊어지고 만다.

뒤돌아서 후회 않는 사교술

절망해서는 안 된다

타인이 달성한 도덕적, 지적 높이에 도달하지 못한다고 해서 절망하거나 불만을 품어서는 안 된다. 자기 내면의 다른 훌륭한 면을 간과해서는 안 된다. 어쩌면 그쪽 면에서는 타인보다 뛰어날지도 모른다. 그렇지 않더라도 상관이 없다. 왜 모든 사람이 위인이어야 할 필요가 있단 말인가?

지배욕과 화려한 주역을 맡고 싶다는 욕망에 사로잡혀서는 안 된다. 그것은 종종 비싼 대가를 치루기도 한다. 그 사실을 아는 사람은 없다. 내심 자신의 능력과 진가를 느낄 때는 위대한 인간이 되고 싶다는 욕망을 배제하기가 어렵다. 물론 이것은 나도 잘 아는 사실이다. 평범한 인간들 속에서 살면서 그들이 우리 내면에 있는 것을 전혀 이해하지 못하고 평가하지 못하는 것을 보고, 또한 그들을 마음먹은 대로 조종하지 못하고 아무것도 하지 않으면서도 쉽게 손에 넣는 경멸스러운 존재들이 높은 곳에서 내려다보는 것을 보고

—그렇다. 그것은 정말이지 참기 힘든 일이다. 다방면으로 노력했다. 집안에서 위대한 인물이 되고자 하지만 아내의 지지와 돈이 없다. 집안 걱정 때문에 모든 것이 틀에 박힌 궤도를 따라 진행된다. 내면의 모든 것이 다 허사가 되는 것을 절실하게 느낀다. 그러나 평범한 인간이 되어 정해진 길을 가고자 하는 결심은 아직 서지 않았다.—나는 이 모든 것을 충분히 이해하고 있다. 그러나 이런 상황이라고 해서 기운을 잃어서는 안 된다. 자기 자신과 섭리에 대한 신뢰를 잃어서는 안 된다. 신이시여, 이 파괴적 불행으로부터 지켜주소서.

그것을 얻는 인간에게는 모두를 초월하는 위대함이 있다. 이 위대함은 인간, 운명, 외면적 평가와는 관계가 없다. 오히려 그것은 내면의 의식에 의해 유지되고 있다. 잘 알려지지 않을수록 이 감정은 강해진다.

스스로에게 유쾌한 교제 상대가 되어야 한다

본인 스스로에게 유쾌한 교제 상대가 되어야 한다. 자신을 따분하게 해서는 안 된다. 게으름뱅이가 되어서는 안 된다. 자신에 대하여 구석구석까지 전부 다 아는 것보다는 책이나 사람에게서 새로운 발상을 수집하듯이 하는 것이 좋다. 항상 자신이 좋아하는 사고의 틀 속에서만 맴돈다면 단조로운 인간이 되고 말 것이다. 자신에게 각인되어 있지 않은 것은 모두 버리고 말 것이다.

본인이 가장 따분한 교제 상대가 되는 것은 분명 자신의 마음, 양심에 가책을 느낄 때이다. 그런 의심이 드는 사람은 자신의 기분에 주의해야 한다. 일련의 시간을 목적 없이, 혹은 유해하게 보낸 뒤에는 얼마나 산만한 기분이 든단 말인가? 자기 자신이 얼마나 무겁게 느껴진단 말인가? 그와 달리 유익한 하루를 보내고 본인과의 대화를 할 때는 정말로 유쾌하다.

타인과 마찬가지로 자신에게도 엄격할 것

그러나 자기 자신에게 있어서 사랑스럽고 쾌적하고 유쾌한 교제 상대인 것만으로는 충분하지 않다. 자신에게 너그럽고 본인에게 가장 충실하고 성실한 벗이 되어야 한다. 타인을 대하듯 자기 자신에게도 호의를 갖고 행동하는 것처럼, 또한 타인을 대할 때와 마찬가지로 자신에게도 엄격할 의무가 있다. 자신에게는 모든 것을 허용하고 용서하면서 타인에는 그렇지 못하는 것이 인간이다. 자신이 과오를 범했을 때는 그 잘못을 인정하면서도 운명이나 저항할 수 없는 충동 탓으로 돌리면서도 친구의 잘못에는 관용을 베풀지 않는다. 이것은 옳지 않은 일이다.

자신의 덕을 어떻게 판단하고 반성해야 할까

같은 세대, 같은 신분의 아무개보다는 낫다는 식으로 자신의 가치를 평가해서는 안 된다. 오히려 보통 사람보다 현명하고 뛰어난 인물이 될 수 있는 능력과 소질, 교육과 기회를 어느 정도 갖추고 있는지를 기준으로 삼아야 한다. 혼자 있을 때면 가끔 이 점에 대해 반성해 보는 것이 좋다. 보다 높은 완성을 위한 모든 기회를 본인이 어떻게 이용했는지 엄격한 잣대로 자신을 가늠해 보는 것이 좋다.

제3장

온갖 기질과 정신을 가진 사람들과의 사교에 대하여

네 가지 주요 기질과 그 혼합에 대하여

인간에게는 통상적으로 네 가지 주요 기질이 있다고 한다. 담즙질, 점액질, 다혈질, 우울질 중의 어느 하나라고 한다(인간의 신체 내부에 흐르는 액체의 양에 따라 성격 형성과 특성을 설명하는 체액론). 이 중 한 가지 기질만 가진 사람, 기질의 혼합에 의해 변형이 없는 사람은 없다. 기질의 무한한 혼합에 의해 미묘한 특징과 멋진 다양성이 탄생한다. 그러나 모든 사람 대부분은 이 네 가지 주요 기질 중에 하나가 지배를 하고 있고, 그것이 인생이라는 바다를 항해할 때의 방향을 제시하고 있다.

네 가지 주요 기질에 대하여 확신을 가지고 말할 수 있는 것은 다음과 같다.

정숙함을 바라는 사람은 순수한 담즙질의 인간을 피하는 것이 좋다. 담즙질 인간의 불길은 끊임없이 타올라 남에게 불을 전달하여 전부 태워버린다. 그러나 상대를 따뜻하게 하지는 않는다.

순수한 다혈질 인간은 불안정하고 연약하다. 힘과 견고함이 부족하다.

순수한 우울질 인간은 자기 자신에게, 순수한 점액질 인간은 타인에게 각각 견디기 힘든 무거운 짐이 된다.

점액질에 다혈질인 사람은 이 세상에게 가장 튀는 존재이자 두려움의 대상이다. 새로운 시대를 맞이하여 가장 강력하게 활동하고, 지배하고, 파괴하고, 건설한다. 다시 말해 점액질과 다혈질의 조합은 진정한 지배자, 전제자의 성격이다. 그러나 여기에 약간의 우울질이 섞이면 폭군이 되고 만다.

다혈질에 점액질인 사람은 아마도 아무런 방해도 받지 않고 가장 행복하고 조용한 삶을 영위할 것이다. 스스로 즐기며 자신의 능력을 악용하지 않고 아무에게도 상처를 주지 않는다. 그러나 위대한 업적은 달성하지는 못한다. 이 성격이 극단적이면 아무 목적도 없이 어리석은 욕정에 사로잡혀 퇴화되고 만다.

점액질에 우울질인 사람은 온갖 재난을 불러일으킨다. 이 성격은 잔인, 복수, 파괴, 무고한 사람의 처형, 자살 등의 원인이 되는 경우도 드물지 않다.

우울질에 다혈질인 사람은 자신의 양극단에 동시에 불을 지펴 몸과 마음을 지치게 한다.

담즙질에 점액질인 사람은 찾아보기 어렵다. 이 조합은 모순된 것처럼 보이지만 이 양극단의 기질이 조류처럼 교차하는 사람도 있다. 그들은 건전한 이성과 정숙을 요하는 일에는 전혀 어울리지 않는다. 그들을 움직이게 하기 위해서는 많은 노력이 필요하다. 그러나 일단 탄력을 받으면 야수처럼 사방팔방으로 폭주하며 달려든다. 멈출 수 없는 성급함이 모든 것을 수포로 돌아가게 한다.

그러나 우울질에 점액질인 사람이 아마도 가장 참기 어려운 존재일 것이다. 이성적이고 선량한 사람이 그들과 함께 생활하는 것은 생지옥이나 다름없다.

지배욕이 강한 사람

지배욕이 강한 사람을 다루는 것은 어렵다. 그들은 친구로서의 교류, 사회적 인간관계에 적합하지 않다. 그들은 어딜 가나 주인공이 되려고 한다. 모든 것이 자신의 뜻대로 움직이지 않으면 직성이 풀리지 않는다. 자신이 앞장서서 준비하지 않은 것을 경멸하는 것으로 끝나지 않고 가능하다면 그 모든 것을 망쳐버리려 한다. 그러나 자신이 앞장섰을 때는 포기하지 않는 열정으로 목적을 방해하는 모든 것을 제거한다. 지배욕이 강한 두 사람이 손을 잡는 것은 전혀 도움이 되지 않는다. 자신들의 열정에 사로잡혀 주변의 모든 것을 파괴하고 만다. 이런 사람과 함께 생활해야 할 상황이라면 어떻게 하는 것이 좋을까? 이미 잘 알고 있을 테니 굳이 덧붙일 필요가 없을 것이다.

뒤돌아서 후회 않는 사교술

명예욕이 강한 사람

명예욕이 강한 사람을 대하는 방법도 거의 비슷하다. 지배욕이 강한 사람은 동시에 명예욕도 강하다. 그러나 명예욕이 강한 사람이 지배욕도 강하다고는 단정할 수 없다. 오히려 이런 부류는 조금이라도 빛나 보일 수 있다면 조연으로도 만족한다. 아니, 굴복하는 것을 명예로 여기는 경우도 있다. 그러나 그들의 이런 약점을 지적해서는 안 된다. 그들은 그것을 결코 용납하지 않기 때문이다.

자존심과는 또 다른 거만함

거만함은 지배욕, 명예욕, 허영심, 그리고 자존심과는 별개의 것이다. 자존심은 마음의 특성 중에서 고귀한 것이라고 할 수 있다. 내적 숭고함과 존엄한 의식인 것이다. 비열하게 행동하지 않는다는 감정이다. 이 자존심으로부터 위대하고 고결한 행위가 비롯된다. 모두의 버림을 받았을 때, 성실한 인간을 지탱하게 해주는 것이 자존심이다. 자존심은 운명과 악인을 초월한다. 권력을 가진 악인조차도 자신이 제압한 현인의 자존심 앞에서는 자신도 모르게 감탄할 수밖에 없다.

이와 달리 자신이 가지지 않은 장점을 자랑하며 전혀 가치가 없는 것을 자만하는 것이 거만함이다. 어리석은 자는 자신이 고귀한 혈통이라는 것을 증명해주는 16명의 선조가 있다고 의기양양하게 자랑하거나 선조의 공적을 마치 인간의 도량이 고성을 장식한 장식품의 일부인 양 자신의 공적이라 자랑하는 것도 이 때문이다. 이

선조 또한 때로는 진짜가 아니거나 아무런 공적이 없기만 유복한 시민을 조잡하고, 불안하고, 비사교적으로 만드는 것도 바로 거만함이다. 가난한 자들에게서 이따금씩 볼 수 있는 거만함은 대부분의 경우 생활의 결핍과 불안정한 태도가 결합되어 있다. 때문에 가난한 자들의 거만함은 때로 귀족의 거만함보다 훨씬 역겹게 느껴진다. 예술가의 재능에 대한 자신감 과다도 거만함 때문이다. 아무도 인정해 주지 않지만 머릿속으로 모두를 능가한다고 착각하는 재능이다. 감탄하는 사람이 아무도 없지만 그들은 세상 사람들의 무능함만을 비난할 것이다. 자신의 예술에 문제가 있지는 않는지 전혀 생각하지 못한다.

이 거만함이 경멸당하는 불쌍한 인물에게 달라붙어 있다면, 그것은 동정의 대상일 뿐 보통은 그리 큰 문제를 일으키지 않는다. 그러나 거만함에는 항상 어리석음이 동반된다. 따라서 이치에 맞는 조언은 물론이고 조심스러운 대처 또한 완전히 효과가 없다. 거만함으로 거만함을 제압하거나, 아니면 너그럽게 못 본 체하는 수밖에 없다. 그도 아니면 완전히 무시해버리고 주목받아 마땅할 때조차 아무도 없다는 듯한 시선을 보낼 수밖에 없다. 왜냐하면—나 또한 많이 경험한 일이지만—양보를 할수록 요구는 더 많아지고 한층 더 거만해질 뿐이기 때문이다. 그들에게 거만함으로 되돌려주더라도 어리석은 탓에 어떻게 받아들여야 하는지 모른 채 화를 낼 뿐이다.

감수성이 예민한 사람

감수성이 예민하여 쉽게 모욕감을 느끼는 사람과는 편하게 사귀는 것이 어렵다. 그러나 거기에는 여러 가지 원인이 있을 것이다. 때문에 사람들과 어울리면서 사소한 말, 여러 가지 해석이 가능한 표정, 혹은 무시당했다고 쉽게 상처를 입거나 모욕감을 느끼는 사람이 있는지 꼼꼼히 살피는 것이 좋다. 그것이 허영심 때문인지—대부분 이것이 원인이지만—야심 때문인지, 악인에게 자주 속거나 농락당한 탓인지, 아니면 감수성이 예민하여 남들과 똑같은 대접을 받고 싶기 때문인지에 따라 각각의 행동을 조절하며 자극을 피하는 것이 좋다. 그러나 그것은 매우 어려운 일이지만, 만약 상대가 성실하고 총명한 사람이라면 언짢은 마음도 오래가지는 않을 것이다. 솔직하고 다정하게 설명해 준다면 오래지 않아 풀리며 차츰 친구를 신뢰하게 될 것이다. 고결하고 솔직한 태도를 지속적으로 보여준다면 그러한 단점도 고쳐질 수 있을 것이다.

실제로 이런 종류의 사람의 마음을 풀어주는 것은 어렵기 때문에 관계가 소홀해지기 마련이다. 항상 무시를 당하고 충분한 대접을 받지 못한다고 착각하는 사람이 있다. 그러므로 본인이 이런 잘못을 저지르지 않도록 조심할 필요가 있다. 본인은 물론 타인에게도 성가신 존재가 될 수 있기 때문이다.

반론을 좋아하고 싸움을 좋아하는 사람

논쟁을 매우 좋아하는 특이한 기질이 있다. 그 원인의 대부분은 고집에서 비롯되지만 때로는 단순한 변덕이나 비사교적 성향에도 원인이 있다. 무슨 일이든 다 아는 척하며 남이 제시한 것에는 무조건 반대하는 사람이 바로 그렇다. 그들은 본인도 맞는 것을 알고도 일부러 반대하는 경우가 종종 있다. 논쟁에서 희열을 느끼기 때문인 것이다. 또한 상식에 어긋나는 일, 이성적인 사람이라면 진지하게 받아들이지 않을 것는 떠벌리며 자부심을 느끼는 사람도 있다. 한마디로 반대할 것을 기대하고 있는 것이다. 그리고 싸움을 걸며 싸움을 좋아하는 부류의 사람도 있다. 그들은 특히 일대일의 다툼 기회를 찾아다닌다. 마음이 약한 사람, 적어도 자신보다 훨씬 겁이 많은 사람에게는 반드시 승리하기를 원한다. 검술을 익힌 경우에는 어리석은 결투를 통해 남들에게 만용을 과시하기도 한다.

이런 인간들과 교류할 때는 말도 붙이지 못하게 냉정하게 대할 것을 권한다. 절대 당신이 먼저 화를 내서는 안 된다. 반론하기를 좋아하는 부류와는 절대로 논쟁을 하지 말고 상대가 반론을 하기 시작한다면 바로 대화를 멈추는 것이 좋다. 그들 앞에 방어벽을 세우고 불필요한 말을 하지 않는 것이 제일이다. 상식을 벗어난 두 번째 부류에게는 그들의 주장을 조금 반박하여 즐겁게 해주는 것도 가끔은 효과가 있다. 농으로 받아치는 것도 좋을 것이다. 그러나 싸움을 좋아하는 세 번째 부류를 대할 때는 훨씬 더 조심할 필요가 있다. 그들을 피할 수 없거나 냉정하게 거절할 수 없다면 그들의 거친 행동으로부터 벗어날 수 없으니 한 번쯤 강한 태도를 보여 다시는 문제를 일으키지 못하도록 하는 것이 좋다. 당장에 자신의 생각을 당당하게 말하는 것이 좋다. 상대의 허풍에 농락당해서는 안 된다.

복수심이 강한 사람

쉽게 격분하는 사람이 부당한 행위를 하는 것은 모두 그 성급한 성격 때문이다. 작은 모욕이라도 당했다는 느낌이 들면 당장에 격분한다. 그러나 시간이 지나면 후회하며 상대를 용서한다. 이와 달리 복수심이 강한 사람은 마음속에 품은 원한을 풀 기회만을 기다리고 있다. 그들은 결코 잊는 일이 없다. 용서가 없다. 상대가 화해를 청하거나, 그들의 호의를 사기 위해 온갖 수단을 동원해도 허사이다. 그들은 자신이 당한 것 이상의 복수를 한다. 천 배 이상으로 되돌려 주는 것이다. 사소한 농담에도 진심으로 달려든다. 작은 말실수에도 복수를 감행한다. 사람들 앞에서 모욕을 당하지 않았어도 보복은 반드시 사람들 앞에서 행해진다. 명예심에 상처를 입힐 수 있다면 실질적인 행복을 파괴하기에 이른다. 복수는 당사자에게서 끝나지 않는다. 모욕한 가족, 사회생활, 친구에게까지 여파가 미친다. 이런 사람과 함께해야 하는 것은 매우 불행한 일이다. 내가 충고할 수 있는 것은 이런 사람을 모욕하는 것은 반드시 피할 것, 또한 그의 곁에서는 항상 조심하라는 정도이다. 성질이 고약한 인간의 폭주를 막기 위해서는 항상 조심하는 것밖에 달리 방법이 없다.

결단력이 없는 사람, 나태하고 무기력한 사람

나태하고 점액질의 무기력한 인간에게는 계속해서 재촉할 필요가 있다. 제아무리 무기력한 사람이라도 무언가 그 인간을 지배하는 정념이 있기 마련이다. 따라서 그것을 자극한다면 이런 사람도 움직이게 된다. 그런 기회가 때로는 찾아오기도 한다.

이런 종류의 사람 중에는 결단력이 없기 때문에 사소한 일도 몇 년이나 방치하는 사람도 있다. 편지에 답장을 쓰는 것, 영수증을 쓰는 것, 지불을 끝내는 것. 이런 일을 하는 데 말로는 다 형언하기 힘들 정도의 준비가 필요한 큰일처럼 여긴다. 이런 사람에게 때로는 실력 행사가 필요하다. 처음에는 강하게 밀어붙이는 태도를 언짢게 여길 수도 있지만, 일단 성가신 일을 처리하고 나면 고마움을 표현하기 마련이다.

타인의 행복을 시기하는 사람

질투심이 많은 성격, 타인의 불행을 기뻐하는 성격, 시기하는 성격은 심술궂고 비열한 인간만의 소질이어야 하지만, 아쉽게도 그렇지만은 않다. 다른 뛰어난 성질을 많이 가진 사람의 마음속에서도 이런 나쁜 마음이 자리 잡고 있는 것을 발견할 수 있다. 안타깝게도 인간의 본성은 원래 나약한 것이다. 야심과 허영심은 우리 내부에 타인의 행복을 솔직하게 인정하고 싶지 않다는 감정을 불러일으키기 때문이다. 허영, 명성, 미모, 학식, 권력, 친구, 연인, 그밖에 그 어떤 것이든 인간은 이러한 행복의 대상을 좇고 있는 것이다. 이 감정은 자신이 바라는 것을 소유하고 있는 사람에 대한 일종의 반감을 내면으로부터 자극하게 된다. 그러면 상대가 조금이라도 실수를 불행을 맛보게 되면 남몰래 그 불행을 기뻐하는 마음이 생기는 것을 거부할 수 없게 된다. 단, 그것이 허용되는 것은 신이 정당한 것이라고 인정한 경우, 예를 들어 인간의 나약함으로 인해 적대감에 겉으로 드러난 경우에 한한다.

예술가, 학자, 장인의 질투, 제후, 귀족, 부자, 궁중 사람들의 질투, 부부, 친구, 연인 간의 질투, 이러한 세상의 질투로부터 완전히 벗어나고자 한다면 모든 장점과 노력의 성과나 행복이라는 이름이 붙는 전부를 버려야 한다. 질투심이 많은 인간들 속에서 살면서 질투와 선망의 대상이 되지 않으려면 자신의 장점과 지식과 재능을 드러내지 않고 감출 수밖에 없다. 그 어떤 것이든 간에 우수성을 드러내지 않은 채 조금만 바라며 작은 성공으로 치장하는 수밖에 없다.

그러나 질투로 인해 종종 끔찍한 중상모략이 일어나기도 한다. 매우 고결한 사람이라 할지라도 이것을 피할 수는 없다. 중상모략을 당했을 때는 어떻게 행동하는 것이 좋을까? 이것을 일률적으로 정할 수는 없다. 신속하고 명료하게 진상을 밝히는 것이 가장 성실하고 현명한 경우도 있다. 그러나 해명을 하는 것이 성실한 사람의 체면을 구기는 경우가 종종 있다. 천박한 인간은 중상모략으로 상대가 곤란에 처하는 것을 보면 계속해서 중상모략을 하려 한다. 그러나 진실은 시간이 흐르면 조만간에 드러나기 마련이다.

야심가

야심가를 만났을 때는 신중한 대응이 필요하다. 거만한 사람의 대부분은 야심적이고, 야심적인 사람 모두가 거만한 성격이라고는 단정할 수 없다. 때문에 유능한 사람이라고 판단이 되면 종속적인 역할에도 만족을 하고, 굴복함으로써 자부심을 느끼는 경우도 있는 것 같다. 그러나 남에게 그런 약점을 지적당하면 걷잡을 수 없이 격분하고 만다.

허영심이 강한 사람

허영심이 강한 사람은 치켜세워주는 것을 매우 좋아하여 남에게 칭찬을 받으면 더없는 만족감을 느낀다. 남들에게 주목을 받고, 호감을 사고, 칭찬을 받으면 그것으로 만족하기 때문에 특별히 경의를 표할 필요는 없다. 선량한 사람이 이런 약점을 가졌다면 그냥 눈감아 주고 가끔은 칭찬 한마디를 해주면 좋을 것이다. 가끔은 칭찬을 받아 거만해지는 정도는 눈감아 주자. 그러나 저속한 아첨쟁이가 되는 것은 매우 부끄러운 일이다.

신경질적인 사람

신경과민은 그 원인이 여러 가지다. 따라서 반드시 함께해야 하는 사람이 경솔한 말을 했다고 해서, 혹은 의심의 눈길로 보거나 무시했다고 해서 화가 났다면 그 원인을 파악하는 것이 중요하다.

쉽게 감정이 상하는 것은 자만과 야심 때문에 우쭐해 하기(이것이 가장 큰 원인이다) 때문이거나, 나쁜 사람에게 수없이 속았기 때문이거나, 매우 상처받기 쉬운 마음을 가졌기 때문일 것이다. 아니면 자신이 베푼 만큼 되돌려 받지 않으면 직성이 풀리지 않는 성격일지도 모른다. 그 원인이 파악되었다면 그에 걸맞게 행동을 조절하여 화를 내는 원인을 피해야 한다.

만약 상대가 그 결점에도 불구하고 성실하며 사리분별력이 있는 사람이라면 우호적으로 냉정하게 설명하면 화를 풀고 마음을 돌릴 것이다. 서서히 당신을 신뢰하게 되어 결국 그 결점을 극복할지도 모른다.

고집스러운 사람

고집스러운 사람과 만나는 것은 신경질적인 사람보다 훨씬 복잡하고 힘들다. 단, 상대가 사리분별력이 있다면 그 정도까지는 아니다. 제일 처음 화가 폭발했을 때, 당신이 반론하거나 적대감을 보이지 않는다면 차츰 이성의 목소리에 귀를 기울이고 자신의 추태와 상대의 관대함을 깨닫고 잠시나마 태도가 완화되기 때문이다.

그러나 진짜 문제는 고집스러운 데다 아둔하고 무지한 사람이다. 당신이 아무리 온화하게 대화로 풀어가려고 해도 결코 말을 들으려 하지 않는다. 차라리 상대가 원하는 대로 계획과 일을 처리하게 해보라. 그리고 한동안 자신의 경솔함과 고집이 초래한 결과로 고통을 받게 내버려두는 것이다. 그러면 겸허히 순종하며 자신에게 지성이 있는 지도자가 필요하다는 것을 깨닫는 경우가 많다.

시비조의 사람

시비조의 사람은 다음 세 가지 타입이 있다. 무슨 일이든 다 아는 척을 하며 단순히 논쟁을 하기 위해 남의 말이라면 무조건 반대하는 타입, 기발한 의견을 내는 것을 좋아하여 상식적인 사람이라면 다루지 않을 주장을 하는 타입. 마음이 약한 사람에게 말싸움을 걸어 승리를 맛보고자 하는, 흔히 말하는 싸움꾼이라 불리는 세 가지 타입이다.

이런 사람과 만날 때는 흔들림 없는 확고한 태도를 유지하며 아무리 도발해 와도 화를 내지 않는 것이다. 첫 번째 타입의 사람과는 절대로 논쟁을 하지 말 것. 두 번째 타입에게는 가끔씩 재미있어 해주며 상대의 지론을 변호해 주는 것도 좋을 것이다. 세 번째 타입의 사람이 가장 까다롭기 때문에 가능하다면 만나지 않는 것이 좋지만, 어쩔 수 없는 경우에는 적당한 거리를 두고 차분하게 거친 공격을 피하는 것이 좋다. 도무지 피할 수 없는 경우에는 절대로 상대의 빤한 공갈에 넘어가지 말고 주저하지 말고 단호하게 당신의 주장을 피력하라.

쉽게 화를 내는 사람

화를 잘 내는 사람이 고의적으로 상대에게 불쾌감을 주는 것은 아니다. 스스로 감정을 조절할 수 없어 순간적으로 화를 참지 못해 소중한 친구에게 상처를 입히고 만다. 나중에 자신의 경솔함을 후회하더라도 이미 늦었다.

만약 상대에게 다른 장점이 있고 마음을 풀어줄 가치가 있다면 인내심을 가지고 이야기를 들어준 다음 온화화게 대응하라. 그것이 이성을 되찾게 해주는 유일한 방법이다. 단, 의욕이 없는 냉담한 태도로 대응하면 걷잡을 수 없는 반발을 사게 돼 불난 집에 부채질을 하는 꼴이 된다. 상대는 바보 취급을 당한다고 여겨 더 심하게 격분할 것이다.

사교성이 없는 사람

의심이 많고 어두운 성격으로 잘 어울리지 못하는 사람은 고결하고 정직한 사람과 가장 사귀기 힘든 타입으로, 대화를 즐기기는커녕 자주 힘든 경험을 하게 한다. 실제로 이런 사람과 만나더라도 언짢은 기분이 들어 사람들을 멀리하지 않기 위해서는 사소한 일로 흔들리지 않는 고결함이 필요하다. 어차피 상대는 당신의 무방비 상태의 일거수일투족에도 경계심을 드러내며 아무것도 아닌 일에도 의심의 눈초리를 보낼 것이다. 이런 종류의 사람들에게는 어떤 상황에서도 항상 솔직하고 관대한 태도로 접해야 한다. 그리고 당신의 동기, 목적, 행동의 원인을 최대한 가르쳐 주어야 한다. 상대의 관심을 끌고 감정을 자극할 만한 비밀이 있어서는 안 된다. 상대와 관련된 것이라면 무엇이든 상담하고 함께 문제를 해결하라. 그러면 조금씩 당신을 신뢰하게 될 것이다. 적어도 당신의 성실함 덕분에 품고 있던 의심을 서서히 풀게 될 것이다.

구두쇠, 낭비가

진짜 구두쇠들 중에는 금전욕 이외에 또 다른 욕구에 얽매여 있는 경우가 있다. 색욕, 식욕, 욕망, 호기심, 도박, 그 밖에도 여러 가지가 있는데, 이런 욕구를 충족시키기 위해 돈을 모으고, 절약하고, 남을 속이며 그 외의 모든 것은 참아낸다. 한 잎의 금화 때문에 친구와 형제자매조차 배신하고 세상에 악명을 떨치는 것조차 두려워하지 않는다. 이렇게 욕심이 많은 사람의 미움을 사고 싶지 않다면 상대에게 아무것도 요구하지 마라. 그러나 항상 그럴 수만은 없기 때문에 만나는 상대가 어떤 사람인지를 생각하고 그에 따라 행동을 조절하면 좋을 것이다.

낭비가와 교제할 때는 멀쩡한 사람이 그의 행동에 현혹되어 막대한 출혈을 초래하지 않도록 조심하라. 또한 그들의 무분별한 낭비벽을 자신은 물론 친구의 이익을 위해 이용하는 것은 정직한 사람이 할 행동이 아니다.

은혜를 모르는 사람

은혜를 모르는 사람은 언젠가 우리를 배신한다. 당신이 관용이 있고 자비로운 사람이라면 설령 배은망덕한 배신을 당하더라도 거기서 또 다른 만족감을 찾을 수 있을 것이다. 다시 말해 본인은 인간적으로 해야 할 일을 애정만으로 했다고 자각하는 것으로 새로운 기쁨을 느낄 수 있다. 그리고 은혜를 배신한 상대를 원망하면서도 마음이 약한 인간일수록, 그리고 불행한 사람일수록 자신의 도움이 필요하기 때문이라고 봉사 의욕을 불태운다. 그러므로 배은망덕한 배신을 당했더라도 불평을 하거나 상대를 비난해서는 안 된다. 항상 관대한 태도로 접하자. 머지않아 고결한 당신의 행위를 깨닫고 자신이 저지른 죄를 갚으려 할지도 모른다. 아니, 가만 두어도 악행의 대가는 저절로 치러진다. 은혜를 모르는 마음과 그 비열한 행위의 대가는 반드시 본인 자신에게로 돌아갈 것이다.

음모가

책략과 음모를 꾀하는 인간에 대해서는 항상 솔직하고 관대한 태도로 접하라. 그리고 자신은 책략, 음모, 기만이라는 이름이 붙는 것은 일체 증오하며 의지를 말과 행동으로 표시하는 것이다. 그림자 뒤에 숨어서 음모를 꾀하는 것이 얼마나 큰 손실일지를 깨닫게 해주자. 당신을 속이려 한다면 그 불성실한 태도를 그냥 넘겨서는 안 된다. 상대가 악의 첫 걸음을 떼었을 때, 최대한의 노여움을 표출해야 한다. 그러나 이렇게 손을 써도 상대가 반성을 하지 않고 계속해서 당신을 속인다면, 가장 좋은 대처 방법은 그들에게 경멸이라는 벌을 내려 완전히 마음을 고쳐먹을 때까지 상대의 언행 모두를 신용하지 않겠다고 전하는 것이다. 단, 일단 책략을 꾀하고 교묘한 방법으로 사람을 속이는 습관이 몸에 밴 사람이 정상적인 길로 다시 돌아오는 일은 거의 없다. 여기서 말한 규칙은 거짓말쟁이에 대처하는 방법에도 해당된다.

허풍선이

허풍선이는 지어낸 이야기를 하거나 사실을 과장하곤 하는데, 그것은 한마디로 자신을 잘 보이고 싶고 남의 이목을 받아 평가를 받고 싶어 하기 때문이다. 그리고 사실을 희생양으로 삼더라도 사건과 일화와 문장을 꾸미거나 과장하는 습관이 몸에 배면 자신의 허풍과 자랑거리를 스스로 믿어 모든 것을 확대경을 통해 보는 것처럼 된다.

지나치게 과장을 한다면 작은 빈틈을 잡고 질문공세를 하여 상대가 쳐놓은 그물에 스스로 걸리도록 해주자. 그러면 상대는 옴짝달싹하지 못하게 돼 얼굴을 붉히게 된다. 아니면, 상대가 허풍을 떨 때마다 더 과장된 허풍으로 돌려주어 말도 안 되는 터무니없는 이야기를 믿을 사람이 없다는 것을 깨닫게 해주거나, 상대가 허풍을 떨기 시작하면 당장에 대화를 끊어버리는 것도 좋은 방법이다. 그렇게 계속 반복되면 상대도 조심을 하게 될 것이다.

뻔뻔한 사람

뻔뻔한 사람, 식충이, 기생충과 같은 자들, 아첨꾼들과는 적당한 거리를 두고 친하게 지내지 않는 것이 상책이다. 그리고 그들과 만나거나 친분을 쌓을 마음이 없다는 것을 정중하게가 아니라 냉담하고 확실한 언행으로 보여주자.

악당

여기서 악당과 어떻게 교제해야 하는지에 대하여 이야기하기로 하자. 악당이란 교육의 포기와 나쁜 동료 등의 탓에 마음이 썩어 본래의 착한 성격의 흔적을 찾아볼 수 없게 된 인간을 말한다.

당신이 마음의 평안과 도덕적 향상을 진지하게 갈구하고 있다면, 가능하다면 이런 인간과의 관계는 완전히 끊어야 한다. 확고한 신념을 가지고 있다면 아무리 나쁜 환경 속에서도 쉽게 추락하지 않는다. 온갖 비열함에 대한 혐오감만 있다면 유혹의 순간에도 추락으로부터 자신을 지킬 수 있다. 그러나 악행에 눈이 익숙해지면 혐오감을 서서히 잃고 만다. 그렇지만 삶을 살다보면 종종 악당들 속에 살면서 함께 일하지 않으면 안 되는 상황이 있다. 그럴 때는 신중하게 벗어나도록 해야 한다.

소심한 사람

지나치게 신중하고 소심한 사람은 자신감을 가지고 스스로 격려하며 분발해야 한다. 경솔함과 거만함은 경멸을 받아 마땅한 성질이지만, 소심함이 도가 지나치면 비겁해진다. 고결한 사람은 자신의 가치를 소홀히 여기기 십상이지만, 타인은 물론 자신에 대해서도 옳은 평가를 해야 한다. 그러나 속이 깊은 사람은 격한 칭찬을 받거나 공공연하게 환대를 하면 오히려 기분을 상하고 만다. 이런 사람을 대할 때는 경의를 말보다는 행동으로 보여주자. 이것은 꾸밈없는 호의를 표하는 최고의 증명이다.

경솔한
수다쟁이

두 말할 필요도 없겠지만, 경솔하고 수다스러운 사람에게는 비밀을 털어놓아서는 안 된다. 물론 세상에 비밀이라는 것이 전혀 없고, 항상 숨김없이 솔직하게 행동하고 누구에게나 마음속의 생각을 허심탄회하게 털어놓을 수 있다면 그보다 좋은 것은 없다. 또한 누가 알더라도 상관없는 것만 생각하고 말한다면 그것이 가장 좋은 방법이다. 그러나 항상 그렇게 살 수만은 없는 일이다. 그러므로 누구에게 비밀을 털어놓아야 할지 충분히 고민하고 조심하도록 하자.

지나친 탐색병 환자

마치 남의 사생활 문제를 파고드는 것이 직업인 양 호기심이 강한 사람에게는 상황에 따라 다른 대응이 필요하다. 그들의 탐색병을 당장에 저지하고 싶다면, 더 이상 사생활 침해를 하거나 훔쳐 듣고 미행하면서 계획과 행동을 탐색당하고 싶지 않다면, 무례한 간섭을 단호하게 저지하겠다고 강력하게 선언하라. 그리고 당신의 사생활에 관해 조금이라도 입에 담는다면 확실하게 분노를 표시하라. 그러나 만약 상대의 탐색 행위를 기분전환거리로 삼고 싶다면 사소한 정보를 흘려보내 상대의 호기심을 자극하여 가까이 두는 것도 좋을 것이다. 그러다가 숨기고 싶은 일을 탐색하려는 정황이 포착되면 곧바로 폐기처분하면 그만이다.

주의력이 산만한 사람

주의력이 산만하여 건망증이 심한 사람에게는 정확함이 필요한 일은 어울리지 않는다. 젊었을 때는 이 결점을 극복하고 훈련을 통해 건실한 인간으로 성장할 가능성도 있다. 활력이 지나쳐 주의력이 산만한 사람은 나이가 들어 차분해지면 이 결점을 보이지 않는 경우가 많다.

또한 원래부터 주의력이 산만한 사람이 상식적인 예의와 배려가 결여된 행동을 하더라도 그것이 의도적이지 않고 나쁜 뜻이 있는 것이 아니라면 일일이 인상을 찌푸리지 않도록 하자.

괴짜

흔히 괴짜라 불리는 사람들이 있다. 특정한 것에 일가견이 있어 친구와 친척들은 익숙하지 않은 방법을 고집하기 때문에 자주 마음이 상한다. 예를 들어 방안의 의자 위치가 이상하다며 투덜거리고, 색다른 것에 집착하고, 기묘한 복장과 말투를 하고, 글씨 모양도 독특하다. 그들의 맘에 들고자 한다면 이러한 독특한 방식에 자신을 맞추는 수밖에 없다. 사리분별력이 있는 사람이 이런 별것도 아닌 것에 집착할 리가 없다고 여길지도 모른다. 하지만 다른 것은 평범하고 공정한 판단을 할 수 있으나 이런 점에 있어서는 도무지 어떻게 할 방법이 없는 사람이 꽤 많은 편이다. 이런 사람들에게 높은 평가를 받아야만 하는 경우에는 자신의 명예와 품위를 유지하는 범위 내에서 그들의 독특한 취향에 맞춰 아무래도 상관없는 일을 만족시켜주는 것이 좋을 것이다. 누구에게나 결점은 있기 마련이기 때문에 서로 관대한 마음으로 받아들여 주자.

변덕스러운 사람

그날의 기분에 따라 태도가 변하는 사람, 예를 들어 오늘은 더할 나위 없이 상냥하고 친절하게 대해주었지만, 내일은 무정하고 냉담하게 행동하는 사람에 대해서는 마치 파도가 치듯 변덕스러운 상대의 기분에 휘말리지 않도록 항상 조심하며 대해야 한다. 그러나 남모를 고민 때문에 변덕스러운 행동을 하는 것이라면 동정심을 발휘하자.

마음이 약한 사람

성격은 좋은데 마음이 약한 사람과 교류할 때는 그 사람의 주변에 있는 약한 사람을 괴롭히지 않고, 심술궂은 행위를 평가하지 않고, 배려심이 있는 사람들이 모일 수 있도록 해주자.

무언가 부탁을 받으면 단박에 거절하지 못하는 사람, 너무 착해 아무나 믿어 손해를 보는 사람, 언뜻 보기에 성실하고 친절해 보이는 사람이라면 상대를 막론하고 진정한 친구라고 착각하는 사람, 혹은 당연히 요구해도 될 편의를 제공받지 못하더라도 상대에게 요구를 하지 못하는 사람이 있다. 요구할 권리도 없으면서 마음이 약한 사람으로부터 이익과 선물과 원조를 빼앗아서는 안 된다. 또한, 타인이 약한 사람을 괴롭히지 않도록 배려하자. 겁이 많은 사람을 격려하고 힘이 돼 주자. 마음이 약해 자신의 권리를 주장할 수 없는 사람의 대변인이 되어 주자. 그런 사람이 도움을 필요로 할 때면 언제나 힘이 되어 주자.

뒤돌아서 후회 않는 사교술

냉소주의자

냉소주의자와 교류할 때는 충분히 경계하라. 이 말은 그들의 날카로운 말주변을 두려워하라는 뜻이 아니다. 겁먹고 주저하는 것은 상대가 바라는 바이다. 단, 그들의 독설에 동참해 함께 상대를 공격하는 것은 절대 금물이다. 그러면 상대도 당신을 공격할 것이고 관용의 정신에서도 어긋난다. 그러므로 냉소주의자가 신이 나서 남의 이야기를 주제로 자신의 재능을 뽐내는 버릇을 부추겨서는 안 된다. 또한, 그들이 지인에게 통렬한 야유를 퍼붓고 조롱할 때 함께 웃어서는 안 된다.

나쁜 습관에 젖어 있는 사람

술꾼, 호색한 등 나쁜 습관에 젖어 있는 사람과는 가까이 하지 말고, 가능하다면 교제를 하지 말자. 그렇다고 항상 그럴 수는 없는 일이니 악영향을 받지 않도록 자신의 몸을 스스로 지키자. 그들이 아무리 즐거워 보이더라도 비행에 젖어 있는 것을 묵인하지 말고 위험이 없는 범위에서 단호하게 불쾌감을 드러내라. 특히 외설에 참여하지 않도록 주의하라.

많은, 특히 남자들만의 모임에서는 종종 특정 이야깃거리가 마치 무슨 의미라도 있는 듯이 다뤄져 젊은이들의 상상력을 자극한다. 정상적인 사람이라면 이러한 도덕적 저하에 조금이라도 가담해서는 안 된다. 상대가 누구든 의연한 태도로 혐오감을 표시하라. 그래도 상대가 변하지 않는다면 '나는 양식과 미덕을 중시하니 내 앞에서는 이야기를 조심해 주시오.' 라고 설득을 해보자.

광적인 사람

광적인 사람, 몽상가, 기인은 망상의 세계에서 살며 활동하고 있기 때문에 냉정한 사고의 천적이라 할 수 있다. 이런 사람들은 항상 평범하지 않은 것, 초자연적인 것에 마음을 빼앗기고 있다. 세상을 바꾸겠다고 주장하고 있지만 정작 가정의 문제는 등한시하고 있다. 중요한 문제를 가볍게 여기고 황당한 것에 열광한다. 이런 사람을 일반적인 상식으로 설득하여 마음을 바로잡으려 하는 것은 헛수고이다. 그러므로 이런 광적인 사람에게 진심으로 어떤 진실을 설득시키고 그들의 신뢰를 얻고자 한다면, 따뜻하고 활기 넘치는 대화를 하는 것이 좋다. 그리고 그들이 스스로 자신의 우행을 변호하는 것에 지지 않을 만큼 열의를 가지고 상식적인 도리를 설명하라. 그러나 이런 사람들을 갱생시키는 것은 매우 어렵기 때문에 그들이 광기에서 벗어나는 것을 자연에 맡기고 기다리는 것이 최선의 방법이다.

그 기인이 정신병원에 입원시켜야 할 만큼의 상태가 아니라면 하고 싶은 대로 내버려 둬라. 세상은 넓으니 이런 사람들이 있을 곳은 얼마든지 있을 테니까.

위선자

위선자는 감언이설을 늘어놓고 아양을 떠는 것이 습관이기 때문에 항상 경계를 게을리 해서는 안 된다. 권력자와 부자의 노예가 되고, 우수한 집단을 지지하고, 능력 있는 사람의 친구가 되려 하지만 결코 사욕을 버리고 고립된 사람의 옹호자가 되지는 않는다. 항상 성실함과 신앙심을 주장하며 많은 돈을 베푼다. 타인의 잘못을 용서할 때는 자신이 실제보다 10배는 더 성스러워 보일 수 있는 방법을 이용한다. 이런 종류의 인간과는 결코 친분을 맺어서는 안 된다. 가능한 한 피하라. 마음의 평안과 행복을 소중히 여긴다면 그들을 화나게 하거나 상처를 주지 않도록 충분한 주의가 필요하다.

무신론자

종교에서 이신론자(자연론자라고도 하며 성서를 비판적으로 연구하고 계시를 부정하거나 그리스도교의 신앙 내용을 오로지 이성적인 진리에 한정시킨 합리주의 신학의 종교관), 무신론자, 독신가(신을 모독하는 사람)라 불리는 사람들은 그 반대편에 있는 독실한 신앙인만큼 관용적이지 않다. 본질적인 행복, 강력한 구원을 모르기 때문이다.

단, 그들이 인간으로서, 시민으로서의 의무를 다하고 타인의 신앙을 방해하지 않는다면 우리는 동정이 아닌 경애를 표하지 않으면 안 된다. 그러나 사고방식이 왜곡되어 있어 정신의 추락으로 인해 독신가가 된 사람, 혹은 종교를 경시하는 척하면서 남들에게 개종을 강요하며 돌아다니는 사람, 자신과 생각이 다른 모든 사람을 박해하고, 경멸하고, 비난하고, 위선자의 낙인을 찍어버리는 사람. 이런 비열한 무리는 경멸을 받아 마땅하다.

마음의 병을 앓는 사람

정신장애로 괴로워하는 사람들에 관해서는 그 질환의 주요 원인을 발견하고 그 질환을 일으키는 것이 특정 기관의 부조화인지, 아니면 특이한 기질 때문인지, 격한 감정 때문인지를 파악하는 것이 가장 중요하다. 그러기 위해서는 발작이 멎은 뒤에는 물론이고 상대가 혼란 상태에 빠져 이해할 수 없는 말을 떠드는 동안에도, 그들이 환각 상태에서 주로 어떤 것을 보는지, 무엇을 생각하고 있는지를 파악할 필요가 있다. 그러는 사이 그들은 현실로 돌아와 서서히 회복 단계에 이르게 될 것이다. 또한, 특정 날씨와 계절, 달의 변화 속에서 무엇이 그들의 질환에 가장 큰 영향을 끼치고 있는지를 관찰하는 것도 매우 중요한 일이다. 이러한 관찰을 통해 가장 효과적인 시기에 치료를 할 수 있다. 감금을 필두로 하는 모든 거친 치료 방법은 대부분의 경우 오히려 질병을 악화시킬 뿐이다.

뒤돌아서 후회 않는 사교술

사람을 믿어라

무엇보다도 자신에 대한 신뢰, 그리고 선량한 사람과 행운을 믿는 마음을 잃어서는 안 된다. 불만과 낙담한 표정을 짓는다면 당장에 친구들은 등을 돌리고 만다. 그러나 사람은 불행이 닥치면 자신도 모르게 위축된 태도를 취하고 만다. 타인이 조금이라도 언짢은 표정을 짓거나 냉담한 태도를 취하면, 그것이 자신을 향한 것이라고 오해한다. 자신의 역경에 대해 알고 있어 도움을 청하기만 하면 모두 다 도망칠 것이라고 착각하는 것이다.

'덕분' 이라고 생각하라

상대의 덕분에 이득을 얻었는데도 전부 다 자신의 능력이라고 생각해서는 안 된다. 사회적 지위가 있는 인물과 인연이 있는 덕분에 정중한 취급과 특별대우를 받더라도 거만해서는 안 된다. 겸허한 마음으로 그 사람 덕분에 자신이 이런 대접을 받는 것이라고 생각하라. 그리고 남의 도움을 받지 않더라도 존경받는 사람이 되도록 노력하자. 저 멀리 태양의 빛에 반사되어 빛나는 달보다도, 행성의 주변을 맴돌며 빛나는 위성보다도, 어둠 속에서 스스로의 빛으로 발산하고 있는 당신이 훨씬 고귀한 존재이다.

때로는
고개를 숙여라

사회생활 중에 일시적인 편의를 제공받거나 도움과 일자리를 청해야 할 때, 그리고 자신의 능력을 발휘할 수 있는 위치에 가고 싶다고 생각할 때가 있다. 그럴 때는 스스로 나서야 하고, 때로는 간청할 필요도 있다. 굳이 자신이 필요하다는 것을 말하지 않더라도 상대방이 먼저 말을 걸어 줄 것이라거나, 부탁하지 않아도 누군가 도움을 줄 것이라는 기대를 해서는 안 된다. 설령 당신이 힘든 처지에 놓여 있고 당신이 도움을 바라고 있다는 것을 주변 사람들이 알고 있다고 하더라도 말이다. 누구나 자신과 자신의 가족을 돌보는 것만으로도 벅차다. 가령 소심하고 겸손한 사람이 뛰어난 재능과 실력을 가졌으면서도 자신의 능력을 발휘하지 못한 채 세상의 어두운 곳에서 굶주리고 있더라도 아무도 신경 쓰지 않는다. 따라서 유능한 사람들이 스스로 간청하거나 고개를 숙이지 않은 탓에 세상의 도움이 될 기회를 잃고 어둠 속에서 평생을 보내게 된다.

가능한 한 남에게 의지하지 말라

그러나 남에게 무언가를 부탁하거나 남에게 도움을 받는 일은 최대한 적은 것이 좋다. 그에 대한 보답을 하지 않아도 되는 사람은 거의 찾아볼 수 없다. 작은 친절이나 도움을 받으면 언젠가 큰 보상을 치러야 한다. 그러면 마음대로 말하거나 행동할 수 없게 돼 선택의 폭이 제한되고 만다. 친절이든 무엇이든 간에 남에게 받기보다는 가능하면 당신이 주는 것이 현명한 일이다. 무엇보다, 가령 상대가 당신에게 은혜를 갚아야 한다거나 도움을 받고 있어서 당신의 부탁을 거절할 수 없는 입장이라 어쩔 수 없이 부탁을 들어줄 수밖에 없는 상황이라는 것을 알고 있을 때, 그 어떤 부탁도 해서는 안 된다. 그러나 사람들은 상대가 바라지도 않은 친절과 본인이 해 줄 수 없는 봉사라도 무턱대고 베푼다. 낭비하는 사람은 금전을, 무능력한 자는 조언을 해주고 싶어 한다.

자립을 위해 욕망을 억제하라

남의 도움을 받지 않고 살아가고 싶다면 욕망을 억제하고 절도를 지키며 범사에 감사하며 많은 것을 바라지 말라. 이와 반대로 끝없는 욕망으로 항상 마음이 어지럽고 야심과 갈망으로 들끓거나 욕정에 사로잡혀 있는 사람, 사치스러운 생활에 빠져 화려한 물건에 집착하는 사람, 호기심이 왕성하여 침착하지 못하고 타인의 문제에 늘 간섭하려는 사람은 끝없는 욕망을 만족시키기 위해 끊임없이 친구와 지인들의 도움을 바란다.

신조를 굽히지 마라

옳다는 확신이 있다면 신념을 굽혀서는 안 된다. 예외를 인정하는 것은 매우 위험한 일이다. 사소한 일에서부터 중요한 일로 처음 생각했던 범위를 초월해 서서히 확대될 위험이 있다. 그러므로 심사숙고 끝에 더 이상 남에게 책을 빌려주지 말자거나, 와인은 이만큼만 마시겠다고 결정했다면 아무리 부모가 설득을 하더라도 처음 결단을 내리게 된 동기가 유효하다면 철회해서는 안 된다. 결연한 자세를 가져라. 단, 결단은 모든 가능성을 고려한 다음에 해야 하고 사소한 것에 고집을 부려서는 안 된다.

세련된 배려

참된 유머와 재치는 세련되게 말하고자 억지로 머리를 쥐어짠다고 나오는 것은 아니지만, 마치 천사가 하늘에서 내려온 듯이 사람들을 기쁘게 하고 마음을 따뜻하게 해주고 남몰래 존경심을 품게 한다. 세련된 유머를 말하고 싶다면 제일 먼저 그곳이 어떤 사람들의 모임인지를 생각해야 한다. 적당히 교양이 있는 사람에게는 매우 재미있는 이야기일지라도 그렇지 않은 사람에게는 그저 따분한 이야기일 뿐 좋은 반향을 일으킬 수 없을지도 모른다. 또한 신사들의 모임에서는 매우 반향이 좋은 농담도 숙녀들의 모임에서는 황당한 이야기로 들릴 수 있다.

말과 지식은 조금씩 펼쳐라

따분한 이야기를 장황하게 늘어놓아 듣는 사람을 피곤하게 해서는 안 된다. 격언이나 잠언을 연발하는 것도, 말 한마디 한마디를 신중하게 음미하는 것도 바람직하지 않다. 대화란 어느 정도 간결함이 필요하다. 예를 들어 적은 말로 많은 것을 전할 수 있도록 사설을 생략하여 듣는 사람의 집중력을 흩뜨리지 않게 하고, 또한 이따금씩 중요한 부분을 재미있게 표현할 수 있는 역량이야말로 진정한 달변이라 할 수 있을 것이다.

너무 장황하게 말하는 것은 좋지 않다. 이야깃거리가 금세 떨어지지 않도록 말과 지식은 조금씩 펼쳐라. 그러면 말하지 않아도 될 것과 말할 생각이 없었던 것을 자신도 모르게 내뱉는 일은 없을 것이다. 다른 상대에게도 발언 기회를 주어 화기애애한 대화로 만드는 것이 중요하다.

스스로를 깊이 연구하고 개선하라

프랑스 사람이 'contenance' 라고 말하는 조화와 일관성 있는 행동, 평정, 모든 폭력과 격정에 대한 자제심은 난폭한 성격의 사람이 반드시 배워야 하는 품성이다. 간단명료하게 자신의 생각을 전하는 기술, 빙빙 돌리지 않고 생생하게 열정을 담아 말하는 기술, 대화 상대의 이해력에 맞춰 상대를 따분하게 하지 않는 기술, 유머를 섞어가며 자신의 농담에 스스로 웃지 않고 능숙하게 말하는 능력, 때로는 냉정하게, 때로는 웃음을 보이고, 진지함과 재치를 섞어가며 말하고자 하는 내용을 전달하는 능력은 학습을 거치고 세심한 주의를 기울이며 응용하지 않으면 익혀지지 않는다. 스스로를 깊이 연구하여 표정을 자유자재로 조정할 수 있게 하는 것이다. 그리고 어떤 행동이 남에게 불쾌한 인상을 주는지 깨달았다면 가능한 한 행동에 조심을 하며 품위 있는 행동거지를 위해 마음을 쓰자.

익숙지 않은 분위기에 맞추는 재능을 가져라

사람들을 편하게 대하고, 처음 만나는 사람에게 좋은 인상을 주고, 처음 만난 사람이라도 스스럼없이 대화하고, 상대가 어떤 인물이고 어떤 이야기를 하면 좋을지 단박에 판단하는 재능은 노력을 해서 쉽게 얻을 수 있는 것이 아니다. 그러나 이런 자질은 사기꾼들에서 흔히 볼 수 있듯이 뻔뻔함과 끈질김에 빠지지 않도록 주의해야 한다. 사기꾼은 만난 지 1시간도 채 되지 않아 모임에 참석한 모든 사람의 신상에 대한 이야기를 교묘하게 이끌어내고 자신의 무용담을 늘어놓는다. 처음 만난 사람에게 뻔뻔하게 친교와 협력을 부탁하고, 본인도 봉사와 협조를 호언장담한다. 요컨대, 달변가가 되는 포인트는 익숙지 않은 분위기에 자신을 맞추는 것, 그 자리에 있는 사람들이 좋아하지 않거나 이해하지 못하는 주제를 꺼내지 않는 것이다.

지나친 자존심은 버려라

사교 모임에 나갈 때는 지나친 자존심을 내세워서는 안 된다. 모임에 참석한 사람 모두의 존경심이 내게 쏠릴 거야, 혼자 주목을 받을 거야, 모든 사람의 시선이 내게 쏠릴 거야, 모두가 내 이야기에 귀를 기울일 거라고 하는 기대를 하지 않는 것이 현명하다. 이 충고를 무시하면 모두에게 무시를 당하고, 비참한 입장에 놓이게 되고, 자신은 물론 남들까지 불쾌함을 느끼게 되어 결과적으로 사람들이 모이는 장소를 피하게 되고 남들도 당신을 피하게 될 것이다.

중심에 서려 하지 말고, 기대는 작게 하라

나는 본인이 높은 입장에 있을 때, 항상 이야기의 중심에 서지 않으면 참지 못하는 타입의 사람들을 많이 알고 있다. 게다가 동료들 중에 자신과 어깨를 나란히 할 수 있는 사람이 있는 것을 참지 못하는 사람도 매우 많다. 사교 모임에서 대화의 중심일 뿐만이 아니라 부탁과 기대를 한 몸에 받고 있는 것이 본인밖에 없을 때, 이런 사람은 우수하고 고결하고 자비로우며 재치 넘치는 행동을 한다. 그러나 본인이 그런 많은 사람들 중에서 한 사람이라는 것을 알자마자 속이 좁고 집착이 강한 유약한 인간이 되고 만다. 그리고 자신이 총지휘를 하지 않은 건물은 모두, 아니 그뿐만이 아니라 자신이 세운 건물조차도 남이 작은 장식 하나를 덧붙이기만 해도 무너뜨리고 만다. 이것은 비사교적이고 불행한 성격이다. 이 세상에서 자신은 물론 남들 모두가 행복하기를 바란다면 가능한 한 기대와 요구를 적게 가져야 한다.

'또 만나고 싶다'는 생각이 들도록 하라

앞서 말했듯 '사교 모임에 자주 얼굴을 내미는 것과 거의 가지 않는 것 중에 어느 것이 좋을까?' 라고 묻는다면, 그 사람의 개인적인 상황에 따라 다를 것이라고 대답할 수밖에 없다. 어느 쪽이 바람직한지는 각각의 입장과 필요성, 그 외의 여러 가지 상황을 생각할 필요가 있다. 그러나 일반적으로 말하자면, 어떤 자리든 참석을 하거나 빈번하게 남의 집을 찾아가는 것은 바람직하지 않다. 항상 모든 사람이 반갑게 맞아주지는 않기 때문에 저 사람은 아무 때나 찾아온다는 소리를 듣기보다는 '좀 더 자주 만나고 싶습니다' 라는 말을 듣는 것이 바람직하다. 참석을 하는 것이 좋은지, 혹은 좀 더 오래 있어야 할지, 작별인사를 해야 할지를 판단하는 감각은 누구에게나(우쭐함과 착각 때문에 둔감해지지 않았다면) 있는 것이다.

타인과의 사이에 거리를 두자

친하게 지내는 상대는 되도록 적게 하고 교우관계의 범위를 좁게, 범위를 넓힐 때는 매우 신중해야 한다. 사람은 지나치게 친해지면 상대를 중상모략하거나 싸움을 거는 경우가 많기 때문이다. 쾌적한 인생을 살고 싶다면 타인과 약간의 거리를 두는 것이 좋다. 그러면 상대는 당신에게 관대해지고, 존경하고, 교류를 청해 올 것이다. 이 점을 생각해 본다면, 매일 모르는 사람과 상대를 하는 대도시에서의 삶은 매우 바람직한 일이다. 내향적인 성격이 아닌 이상 잘 모르는 사람들 속에 있는 것은 매우 편안하다. 왜냐하면 그 자리에 있는 사람이 당신을 잘 알고 있다면 전해 듣지 못했던 이야기를 쉽게 들을 수 있다. 게다가 아무도 당신에게 주목하지 않기 때문에 충분히 의미 있는 관찰을 할 수 있다.

타인에 의한 타인의 평가를 믿지 마라

대부분의 사람은 그의 친구가 말하는 만큼 훌륭한 사람이 아니고, 그의 적이 말하는 만큼 나쁜 사람도 아니다. 양쪽 모두 절반만을 믿어라.

제4장

친구와 가족, 이웃, 이성과의 사교 방법

다양한 연령대의 사람들과 만나라

교제를 할 때는 비슷한 나이 또래의 사람들끼리 만나는 것이 여러모로 편하고 즐겁다. 연령대마다 특유의 취향과 바람이 있고 사람의 기질도 나이를 먹어가면서 변해간다.

그러나 선천적인 성격, 교육, 운명, 직업의 차이에 따라 세대 간의 경계는 넓어지기도 하고 줄어들기도 한다. 나이가 들어도 항상 어린아이 같은 면이 남아 있는 사람이 있는가 하면 실제 나이보다 빨리 늙는 사람도 있다.

나이와 상관없이 도박, 음주, 험담에 열중하게 되면 노인과 젊은이, 노부인과 젊은 여자가 서로 의기투합하는 경우도 많다. 이것은 앞에서의 의견에 비추어보면 예외적인 것이지만, 앞으로 말하고자 하는 다양한 연령대의 사람과의 교제 방법이 법칙의 가치를 경감시키는 것은 아니다.

무리해서 젊어 보이려 하지 마라

노인이 젊은이의 습성에 경의를 표하는 것은 훌륭한 일이지만, 나잇값을 못하고 젊어 보이려고 허세를 부리거나 많은 사람들 앞에서 들떠 소동을 부리고 빈축을 사거나, 반세기 가깝게 산 부인이 젊은 아가씨처럼 옷을 입고 교태를 부리며 젊은 여성과 사랑 쟁탈전을 벌이는 것이 과연 어떨까하는 생각이 든다. 이런 꼴불견 때문에 경멸을 당하는 것은 당연한 대가이다.

일정한 나이에 달한 사람은 젊은이들에게 노인을 조롱할 기회를 제공해서는 안 된다. 나이를 먹음으로써 마땅히 받아야 할 존경을 허사로 만들어서는 안 된다.

노인을 공경하라

긴 인생의 여정도 마무리에 가까워지면 근심거리와 한숨만 늘어나고 즐거움은 잰걸음으로 사라지고 말지만, 조만간 이 세상의 소중한 사람들과 영원히 작별인사를 해야만 하는 사람들이 남은 날들을 평안하게 보낼 수 있다면 그보다 더 아름다운 것은 없다. 때문에 나는 젊은이들에게 이렇게 말해주고 싶다. "백발의 노인 앞에서는 일어나라. 주름진 얼굴에 경의를 표하라. 경험이 풍부한 노인과의 교류를 하라. 경험을 바탕으로 한 조언을 가볍게 여기지 마라. 당신이 늙어 백발이 되었을 때, 남들이 본인에게 해주기를 바라는 것처럼 노인을 대하라. 예의범절을 모르는 경박한 젊은이는 노인과의 만남을 피하지만, 당신은 노인을 정중히 대해야 한다."

단, 다른 젊은이가 이제 막 씨앗을 뿌리기 시작하려고 할 때, 이미 수확을 끝낸 현명한 젊은이가 있는 반면에 늙어서도 어리석은 노인이 있다는 것은 부정할 수 없는 사실이다.

아이들과의 교류 방법

아이들에게는 불쾌한 마음이 들게 해서는 안 된다. 그리고 아이들이 있는 곳에서는 나쁜 말씨와 행동을 조심하고 자비, 신뢰, 성실, 예의 바름과 같은 미덕의 본보기가 될 수 있도록 행동하라. 다시 말해, 가능한 한 그들의 향상에 기여를 하는 것이 어른이 아이를 대할 때의 신성한 의무이다. 때 묻지 않고 유연한 아이들의 마음은 선한 것을 흡수할 뿐만이 아니라 사악한 것에 대해서도 마찬가지로 열려 있기 때문이다. 그러므로 인류의 퇴폐는 아이들이 있는 앞에서 배려심이 없는 어른들의 경솔한 행동에서 비롯된 것이라고 해도 과언이 아닐 것이다. 따라서 아이들과 교류를 할 때는 말과 행동이 모두 진심에서 우러난 것이 아니면 안 된다. 아이들이 이해할 수 있도록 겸손한 말투로 이야기를 하자. 대부분의 어른들이 흔히 하듯이 놀리거나 화를 나게 해서는 안 된다. 아이들의 성격 성장에 매우 나쁜 영향을 줄 수 있으니까.

결혼 상대는 신중히 선택하라

장래 가정생활의 행복을 불성실하고 믿지 못할 우연에 맡기고 싶지 않다면 인생의 반려자를 결정할 때는 충분히 신중해야 한다. 그러나 서로의 인생을 즐겁게 만들자, 서로의 부담을 가볍게 해주기 위해 노력하지 않고 오히려 두 사람이 정반대의 기호와 바람을 가진 채 서로 다른 도리를 따르는 부부가 있다. 그것은 정말이지 비참한 상황이다. 이에 뒤지지 않을 만큼 불행한 것은 어느 한쪽이 불만과 혐오감을 품고 있는 경우이다. 혹은 자신의 의지가 아니라 정치적, 경제적 배려 때문에, 혹은 절망, 궁핍, 감사 때문에, 혹은 우연과 일시적인 변덕 때문에 사랑이 없는 단순한 육체적 욕구를 채우기 위해 맺어진 경우도 그렇다. 또한, 어느 한쪽이 항상 받기만을 기대하며 나누지 않고 부족한 것, 해주기를 바라는 것을 끝없이 요구하며 조언, 도움, 주목, 기분전환, 쾌락, 안녕을 바라며 정작 본인은 아무런 보답도 하지 않는 경우도 있다.

결혼 상대와는 가치관이 달라도 된다

행복한 결혼생활을 유지하기 위해서는 반드시 성격, 기질, 사고방식, 혹은 능력과 취미가 완전히 일치할 필요는 없다. 서로의 차이가 너무 크거나 근본적인 신조까지 문제 삼지 않는 한, 오히려 성격과 취미가 일치하지 않는 쪽이 행복해지는 경우가 더 많을지 모른다.

남편과 부인이 서로 사치를 좋아하고 낭비벽이 있는 경우, 혹은 둘이 함께 자선사업과 사교생활에 몰두할 경우 대부분의 가정은 깨지고 마는 결과를 초래할 것이다. 문학청년들은 자신의 미래상 옆에 이상적인 상대의 모습을 연상하겠지만, 그럴 때일수록 나이 들고 까다로운 아버지나 후견인이 참견하는 것이 젊은이들에게 큰 도움이 된다. 배우자 선택에 있어서는 이 정도로 하겠다. 여기서 다 말할 수 있는 주제는 아니니까.

사랑받기 위한 노력

당신이 본인의 의무를 매우 꼼꼼하고 정성껏 다 하고 모든 유혹을 이겨내고 확고한 계획에 따라 행동했다면, 아내의 진심 어린 사랑을 기대해도 좋을 것이다. 그리고 최종적으로 단 하나의 장점과 뛰어난 업적에 의해 아내의 마음에 일시적으로 강한 인상을 심어주는 사람보다, 아내는 당신이 더 바람직한 사람이라고 여길 것이다. 그러기 위해서는 모든 의무를 다하기 위한 노력을 해야 한다.

상대에게 사랑과 배려를 의무로써 요구한다면, 본인도 그에 걸맞은 인간이 되기 위해 노력하라. 그리고 아내가 다른 누구보다도 자신을 존경하고 사랑하기를 바란다면 결혼식에서 아내의 결혼서약만을 믿고 기대하지 말고 다른 남성보다 모든 면에서 뛰어난, 사랑받기 마땅한 인간이 되도록 부단한 노력을 해야 한다.

상대의 바람기를 막기 위해

그럼에도 불구하고 매력적인 남자가 불현듯 나타나 반려자의 호감을 사는 인상을 남겨 가정의 평화에 작은 파도가 치는 경우가 있다. 부부란 최초의 맹목적 사랑이 사라진 뒤에도 타인의 매력에 눈길을 주지 않도록 서로 애정을 돈독히 해야 한다. 가끔 얼굴을 마주하는 정도의 타인은 그런 장점만 눈에 들어오게 마련이고, 항상 함께 살고 있는 상대가 말해주지 않는 칭찬도 해준다. 그러나 남편이 자신의 의무를 충실히 하고 어리석은 갈망과 바보 같은 질투심을 보이지만 않는다면 이러한 일시적인 기분은 사라지고 말 것이다.

바람을 피우지 않기 위해

성실하고 신중한 사람은 매력적인 이성의 유혹으로부터 자신을 지켜야 한다. 젊었을 때는 상상력과 열정에 불이 붙기 쉽고 냉정한 이성으로도 마음을 조종할 수 없기 때문에 그런 위험한 상황은 가능한 한 피하는 것이 좋다. 젊은 남성이 몇 번 만난 여성을 아내보다 사랑스럽다고 여기기 시작하고 마음속으로 사랑의 불길이 타오르기 시작하면, 혹은 조금이라도 행복한 가정에 금이 갈 것 같다면, 그 여성과의 관계가 없어서는 안 될 사이가 되기 전에 교제를 끊는 것이 현명하다. 특히 아름다운 여성과 교제를 할 때는 이 신중한 마음가짐을 떠올리기 바란다.

상대의 마음을 독점하려 하지 마라

결혼을 했다고 해서 상대의 마음을 독점할 권리가 있고, 아무리 훌륭한 상대라 할지라도 다른 이성에게 마음을 빼앗기지 말 것을 강요할 수 있다는 어리석을 생각을 하는 사람이 있다. 그러나 이보다 어리석고 가정생활을 힘들고 비참하게 만드는 착각은 없다. 남편은 아내 이외의 여성의 매력에 무관심하기를 강요당하고, 아내는 남편 이외의 남성에 대하여 침이 마르게 칭찬을 하면 부정행위라고 비난한다. 이런 요구는 어느 한쪽이 성격의 차이 등으로 인해 상대로부터 많은 희생을 강요하고 있는 경우 더욱 터무니없고 부당한 것이라 여겨진다.

남편과 아내, 어느 쪽이 유복한 것이 나을까

아내와 남편 어느 쪽이 유복한 것이 좋을지에 대한 질문에 나는 남편이 유복한 것이 좋다고 대답한다. 수입이 적은 쪽이 상대에게 의존할 수밖에 없는 상황이라면 가장인 남편이 가계의 대부분을 부담하는 것이 자연스러운 것이 아닐까? 유복한 아내와 결혼한 남성은 아내의 노예가 되지 않기 위해 충분한 주의가 필요하다.

만약 내 아내가 많은 재산을 가지고 있다면, 나는 아내에게 자신은 돈이 부족하지 않고 그다지 돈을 많이 쓰지 않는 남자라는 것을 증명하고 필요한 돈은 스스로 벌어서 쓰고, 자신의 생활비는 스스로 내며 아내의 재산 관리자에 불과하다고 간곡하게 설득할 것이다. 사치스러운 생활은 품위 유지 때문일 뿐이라는 것을 자신에게는 튼튼한 두 발이 있기 때문에 아내의 마차보다 빠르지는 않지만 걸어서 어디든 갈 수 있다는 것을 아내에게 설득한 다음 아내의 재산 사용법에 대하여 남편으로서의 권한을 행사할 생각이다.

남녀 사이의 틈을 메우자

앞에서 말한 것처럼 행복한 결혼생활을 영위하기 위해 남편과 아내의 사고방식과 성격이 완전히 일치할 필요는 없다. 그러나 남편이 소중히 여기는 것과 흥미를 가지고 있는 것에 아내가 전혀 무관심하다면 남편의 입장은 매우 애처로워질 것이다. 애정이 가득한 말을 걸더라도 냉담한 대답밖에 돌아오지 않거나 상상력으로 만들어낸 훌륭한 작품이 그 가치를 모르는 반려자에 의해 망가지는 것은 정말로 안타까운 일이다. 이럴 때 할 수 있는 반려자의 마음을 바로잡을 수 없다면 설교를 하지 마라. 무슨 말을 하더라도 효과가 없다면 가만히 있어라. 그리고 아내의 어리석음 때문에 남들 앞에서 웃음거리가 될 수 있는 모든 상황을 피해라. 그러면 그 나름의 행복을 느낄 수 있을 것이다.

머릿속에 온통 연인 생각밖에 없는 사람

사랑에 빠진 사람과 상식적으로 교류를 하는 것은 매우 힘든 일이다. 그들은 술에 취한 것과 마찬가지로 세상의 일반적인 사교와는 맞지 않는다. 머릿속에 온통 사랑하는 상대에 대한 생각으로 가득하여 다른 것은 전혀 눈에 들어오지 않는다. 그들과의 교류를 피할 수 없다면, 더군다나 우호적이니 관계를 유지할 필요가 있다면, 그들이 연인에 대하여 장황하게 이야기하는 것을 하품을 하지 않고 들어줄 수 있을 만큼의 인내력이 있어야 한다. 신망을 얻고자 한다면 그들의 이야기를 흥미롭게 들어주며 어리석은 행동과 기행에도 화를 내서는 안 된다.

사랑의 기쁨을 말하지 마라

서로 진실한 사랑을 하고 있다면 그 기쁨은 남몰래 음미하라. 그 사랑의 기쁨을 타인에게 자만하는 것도, 상대에게 지나치게 표현하는 것도 삼가라. 서로의 마음을 말로 표현하지 않은 상태에서 상대의 눈길과 행동에서 감춰진 마음을 확인할 수 있는 것은 진실한 사랑 중에서 최고로 행복한 시기이다. 그런 기쁨을 상대에게 굳이 말하지 않더라도 서로 주고받을 수 있는 순간이야말로 사랑의 극치라 할 수 있을 것이다. 그 기쁨은 입에 담는 순간 가치를 잃고 품위를 지키며 유지하는 것이 어려워진다.

쉽게 결혼 약속을 하지 마라

생각이 짧은 젊은이들의 대부분이 쉽게 결혼 약속을 하여 장래의 기초를 비참하게 만들어버린다. 사랑의 도취된 젊은이는 결혼 상대를 결정하는 단계가 얼마나 중대한 일인지, 그리고 이것이 자기 자신에 대하여 가장 곤란하고 위험한 의무라는 사실을 간과하고 만다. 그렇게 선택한 반려자지만, 정열에 들떠 있는 순간의 눈에는 아름다운 것만 비춰지고 냉정한 사리분별력을 되찾으면 착각이었다는 것을 깨닫는다. 그러나 겉모습에 현혹되어 비참한 처지를 당해야 비로소 깨닫게 되더라도 이미 늦는다.

사랑에 빠진 사람에게 냉정한 충고와 사리분별력 있는 충고를 해준다고 하더라도 아무런 도움도 되지 않는다.

이혼에 대하여

원하던 여성과 사랑하고 결혼을 하더라도 불행과 마음이 변하여 이혼할 수밖에 없는 경우가 생긴다. 그런 경우라도 자신의 명예를 위해 속 좁은 태도를 취해서는 안 된다. 충동으로 인해 볼썽사나운 복수를 하거나 상대에게서 받은 편지 등 마음속 비밀을 털어놓았던 것을 악용해서는 안 된다. 한때 사랑했던 여성을 중상모략하는 남성은 사리분별력이 있는 사람들로부터 경멸당하는 것이 당연하다. 다른 점에서는 그다지 매력이 없는 남성이 탁월한 사리분별력과 세심한 마음 씀씀이 덕분에 세련된 여성의 사랑을 한 몸에 받는 경우가 매우 많다.

건강한 몸

자기 자신을 지킬 수 있을 정도로 굳은 의지와 각오를 가진 여성이라 할지라도 여성은 보호를 필요로 한다. 남성은 여성을 보호해야 할 존재라는 의식을 가지고 있기 때문에 얌전하고 상냥한 여성이라 할지라도 심신이 허약한 남성에게는 혐오감을 느낀다. 여성들은 병환과 부상을 당해 괴로워하는 사람들에 대해서는 더없이 동정심을 갖는다. 그러나 만성적으로 허약한 상태가 계속되어 심신의 기능을 자유자재로 사용하지 못하는 남성은 신중하고 정숙한 여성의 애정을 얻기란 매우 힘들 것이다.

복장만으로 이성에 대한 인상이 바뀐다

또 한 가지 말해두어야 할 점은 청결하고 고상한 복장은 여성의 마음을 끌기 위해 매우 중요한 요소라는 것이다. 여성들은 이 부분에 대한 방심을 쉽게 눈감아 주지 않는다.

여성을 칭찬하려면

자신에게 뛰어난 재능이 있다고 자부하는 여성 앞에서 똑같은 재능을 가진 다른 여성을 칭찬해서는 안 된다. 상대가 경쟁 의식이 있다면 더욱 그렇다.

미모, 취미, 재능, 그 밖의 어떤 것이든 간에 자신의 장점을 의식하고 주목받길 원하는 사람은 자신만이 칭찬받기를 바라고 있고, 게다가 여성은 특히 그런 경향이 강하다.

또한 여성과 이야기를 할 때, 본인의 자식이든 타인이든 간에 누군가와 닮았다고 생각하더라도 그것을 입 밖에 내서는 안 된다.

여성이 꽃을 피울 수 있게 해주는 언변술을 익히고 있다면 재미있는 이야기를 잘 하지 못하더라도, 여성은 당신과의 교제를 즐겁게 여길 것이다.

일부러 비밀을 알려줘라

여성의 독특한 특징 중에 하나로 호기심이 강하다는 것이 있다. 여성과 사귈 때는 이것을 염두에 두고 필요에 따라 호기심을 자극하여 즐거움을 채워주면 좋을 것이다. 여성의 강한 호기심은 정말 놀라울 정도이다. 또한, 악의와 질투 때문이 아니더라도 타인의 비밀을 캐내고 이웃의 행동을 탐색하고 싶어 하는 욕구를 가진 사람이 많다. 체스터필드 경(1694~1773, 영국의 정치가, 저술가. 정치 외교에 능숙한 사람으로서 사생아를 교육할 목적으로 거의 매일같이 편지를 써 보냈다)은 이런 말을 했다. "여성의 환심을 사려면 비밀 하나를 털어놓으면 된다."

승리를 양보하라

여성과의 사이에 약간의 문제와 불화가 발생했을 경우, 승리를 여성에게 양보하라. 여성을 조롱거리로 삼아서는 안 된다. 자존심에 상처를 입은 여성은 결코 상대를 용서하지 않는다.

여성은 본심을 감춘다

자신의 진심과 감정을 감추는 재능에 있어서는 여성이 남성보다 훨씬 뛰어나다.

여성이 본심을 드러내지 않는다고 비난하는 것은 잘못이다. 또한, 여성과 교제를 할 때는 이 점을 가볍게 여겨서는 안 된다. 여성이 냉담하게 대한다고 해서 상대에게 전혀 관심이 없는 것이라고 단정할 수는 없다. 반대로 한 남성만을 특별하게 대하거나 사람들 앞에서 친하게 이야기를 한다고 해서 그 남성에게 특별한 관심을 가지고 있을 것이라고 여기다가 종종 속아 넘어가고 만다. 여성은 종종 본심을 감추기 위해 이 방법을 자주 이용하는데, 단순히 그런 기질이나 고집 때문이기도 하고, 사랑스럽게 여기는 남성을 약간 곤란하게 해주고 싶어 하는 경우도 있다.

죽마고우

우정 중에서 죽마고우만큼 오래 지속되는 것도 없다.

어른이 된 우리는 운명적으로 몇 번이고 남에게 배신을 당하고 마음을 닫은 채 쉽게 남을 신용할 수 없게 된다. 마음은 이성의 지배를 받아 신중한 생각에 잠기는 버릇이 생기고, 재난을 당하더라도 남에게 상담하기 전에 스스로 어떻게든 해결하려 한다. 친구에게 많은 것을 요구하게 되어 선택도 엄격해져 새로운 친구를 사귀고자 하는 마음조차 들지 않는다. 온갖 역할과 인간관계에 얽매여 더 이상 새로운 인간관계를 구축할 여력이 남아 있지 않다. 때문에 운명이나 이사 등의 상황에 따라 죽마고우와 몇 년이고 떨어져 살아야 하더라도 결코 그들을 소홀히 해서는 안 된다. 당신과 어린 시절의 죽마고우를 이어주고 있는 성스러운 인연의 끈을 고쳐 묶어라. 결코 후회하는 일은 없을 것이다.

If you obey all the rules, you miss all the fun.
모든 규칙을 따르면 모든 즐거움을 놓치고 만다.
Katharine Houghton Hepburn

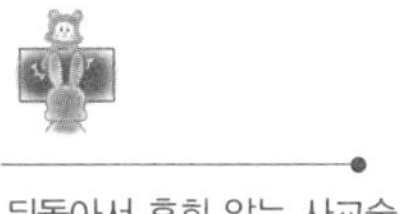

친구는 많지 않아도 된다

바람직한 분별력이 있고 기본적인 행동규범이 거의 일치하는 사람, 우리를 즐겁고 기쁘게 해주는 사람, 굴복시키지 않고 사랑해주는 사람, 결점과 약점을 모른 척하지 않고 장점을 칭찬해주는 사람, 역경이 닥쳐도 친구를 버리지 않고 성심성의껏 도와주는 데 흔쾌히 능력을 빌려주는 사람, 위로와 격려를 해주는 사람, 결점을 지적해주는 사람, 공평함을 벗어나지 않는 범위에서 다른 사람보다 친구를 우선해 주는 사람—이런 친구를 진지하게 찾는다면 반드시 찾을 수 있으나 많이 찾을 수는 없다. 당신이 성실할수록 몇 명의 진정한 친구를 발견할 수 있을 것이다. 평생을 서로 격려하며 살아가기에 그 정도면 충분하다.

친구에게 경의를 표하라

행복하게도 성실한 친구를 얻을 수 있다면, 그 우정은 아무리 소중히 해도 지나침이 없다.

설령 운명에 의해 당신의 지위가 갑자기 친구보다 높아졌다고 하더라도 친구에게 경의를 표하고 존중하라.

또한, 당신이 가치와 능력을 가진 사람에게 이익을 가져다줄 수 있는 경우, 그 사람보다 능력이 부족한데도 불구하고 친구를 우선하고 이익을 나눠줘서는 안 된다. 친구의 경솔한 행동을 변호하거나 친구의 격한 감정의 변화를 미덕이라 칭찬해서는 안 된다. 그러나 친구가 당찮은 비난을 받고 있을 때, 당신이 두둔하여 도움이 될 수 있다면 설령 다른 누구도 편을 들어주지 않더라도 친구를 변호해 주자.

친구에게는 불행을 말하지 말자

자신의 불행을 남에게 말하면 위안이 된다는 것은 아무리 생각해도 납득이 되지 않는다. 그런 이야기는 수다스러운 노부인이라면 어느 정도 만족감을 줄 수 있을지도 모르지만 사려 깊은 인간에게는 전혀 위안이 되지 않는다. 친구와의 교제에 있어서 자신이 원치 않았던 상황은 배려 깊은 친구에게는 가능한 한 이야기하지 않는 것이 현명할 것이다. 마음이 너그러운 친구에게 근심을 줄 수 있기 때문이다. 그러나 어디까지나 '가능한' 이다.

친구를 격려하라

만약 친구가 당신에게 불행과 고통을 호소한다면 인내심을 가지고 이야기에 귀를 기울이고 동정심을 표시하라. 가능하다면 친구를 고통에서 해방시켜 주어라. 마음을 위로해 주고 고통을 덜어주기 위해 모든 방법을 동원하라. 그러나 어리석은 위안의 말로 심신을 더욱 힘들게 해서는 안 된다. 용기를 내서 다시 일어나 삶의 일시적 고통을 이겨낼 수 있도록 격려해 주어라. 그러나 헛된 희망과 실현 불가능한 기대로 친구를 즐겁게 해서는 안 된다. 인간적으로 보다 현명하게 한 단계 더 성숙할 수 있도록 힘이 되어 주자.

거짓 없는 교류

친구간의 교류에서 모든 거짓은 몰아내라. 일상생활에 있어서 우리는 습관, 과도한 예의, 불신에 사로잡혀 있지만, 이러한 것들은 모두 몰아내자. 친한 친구와의 교류에는 신뢰와 솔직함이 없어서는 안 된다.

친구의 우정을 기뻐하라

우정에 있어서도 연애의 경우와 마찬가지로 질투를 하는 사람이 있다. 이것은 정이 깊다기보다는 질투심이 많은 성격이라 할 수 있다. 자신이 소중히 여기는 가치를 남들도 인정하고 있다는 것을 알게 되면 함께 기뻐하라. 소중한 친구가 자신 이외의 친구를 얻어 마음을 털어놓고 교류함으로써 순수한 우정을 음미하고 행복해 한다면 함께 기뻐해 주자. 그로인해 당신의 훌륭함이 사라지는 것도 아니고 당신이 싫어지는 것도 아니다. 게다가 친구가 다른 사람의 훌륭한 점을 깨닫지 못하게 한다고 해서 당신의 본질적인 가치가 올라가는 것은 아닐 테니까.

호의를 강요하지 마라

필사적으로 남에게 우정을 강요하거나 좋은 사람이라고 생각되면 무차별적으로 호의를 강제하는 것은 바람직하지 않다. 강제적인 태도를 보이면 상대의 의혹만 살 뿐이다. 성실함과 사리분별에 의한 길을 묵묵히 걸으며 자비롭게 배려 깊은 마음을 갖고 있다면, 사람들이 그냥 내버려둘 리가 없다. 늦건 이르건 간에 그 내면의 가치를 알아주고 서로 파장이 맞는 친구를 만나게 될 것이다.

친구가 없는 사람

지인은 있지만 친구가 한 명도 없는 사람이 있다. 이런 사람은 우정이라는 은혜가 필요하지 않거나, 아니면 인간을 신용하지 않기 때문이다. 또한, 성격이 냉담하거나, 속이 좁거나, 폐쇄적이거나, 허영심이 강하거나, 성질이 급하다. 이와 정반대로 세상 모든 사람이 친구라고 하는 사람도 있다. 이런 사람은 누구를 막론하고 마음을 마구 던져주기 때문에 주울 만한 가치를 인정해 주는 사람이 없어지게 된다. 부디 이런 사람들이 되지 않기를 바란다.

가족 간의 오해는 바로 풀자

한 집에 살고 있는 사람과의 사이에서 오해가 생겼을 때는 곧바로 해결을 위한 노력을 하라. 사리분별력이 있는 사람에게 있어서 몰래 반감을 품고 있는 사람과 한 지붕 아래에서 살아야 하는 것만큼 괴로운 것이 없다.

술꾼과의 교제

와인이 사람의 마음에 끼치는 영향은 그 사람 평생의 기질에 따라 달라진다. 음주를 하여 더 없이 쾌활해지는 사람이 있는가 하면, 매우 너그러워지고, 정이 많아지고, 솔직해지는 사람도 있다. 그와 반대로 우울해지고, 잠이 오고, 말이 없어지는 사람도 있다. 또한, 갑자기 말이 많아지거나 싸움꾼으로 변하는 사람도 있다. 마지막 부류의 사람이 가까이 있다면 최대한 다가가지 않는 것이 좋다. 그러나 도저히 그럴 수 없을 때는 신중하고 관대하고 정중하게 대응한다면 대부분의 경우 문제가 일어나지 않는다. 말대꾸를 하지 않도록 조심하자. 그리고 두 말할 필요도 없겠지만, 술 취한 사람의 약속을 믿어서는 안 된다. 또한, 술을 마시고 있는 사람과는 중요한 사업적 교섭은 하지 말아야 한다.

조언을
할 때

누군가 당신에게 조언을 요청했을 때, 솔직한 의견을 말하는 것이 좋을지, 혹은 상대가 진심으로 당신에게 의견을 묻고 있는지를 잘 판단해야 한다. 만약, 이미 마음을 정해 놓고 당신의 의견을 묻거나 단순히 아부나 칭찬을 듣고 싶어서 상담할 경우에는 단호하게 거절하는 것이 제일이다. 상담을 하여 불필요한 고민거리를 만들고 싶지 않다면, 혹은 은혜를 원수로 갚는 일을 당하고 싶지 않다면 주변사람에 대하여 충분히 알아둘 필요가 있다.

신분이 높은 사람, 부자에 대하여

신분이 높은 사람은 자신이 일반 사람보다 높은 계층에 속하고 있고 선천적으로 명령을 하고 통치할 권리를 가지고 있다는 생각을 가지도록 교육을 받았다. 그리고 낮은 계층의 사람은 자신의 방자함과 허영심 앞에 넙죽 엎드린 채 온갖 변덕을 참고 당치 않은 착상에 아부를 할 운명이라 착각한다. 우리는 신분이 높은 사람과 부자들이 이런 인간이라는 전제 하에 그들을 대하는 태도를 정하지 않으면 안 된다.

신분이 높은 사람, 부자와의 교류

신분이 높은 사람이나 부자와 교류할 때는 자신이 그들의 원조와 보호를 필요로 하는지 아닌지, 그들에게 의존하고 있는지 아닌지를 잘 생각하라. 전자의 경우에는 자신의 마음가는 대로 행동하여 문제가 일어나지 않도록 주의하자. 당신이 존엄성을 잃지 않는 범위에서 사소한 것은 참고 진실을 말할 때는 충분히 주의하여 그들의 변덕과 기이한 행동에도 맞춰주는 것이 현명하다.

권력자에게 몰려가지 말자

이 규칙은 어떤 상황이라도 마찬가지이다. 경멸을 당하고 싶지 않다면 권력자나 부자에게 몰려가지 말자. 자신과 타인의 요구를 집요하게 강요하면, 그들은 짜증을 내며 당신과 거리를 두게 된다. 오히려 상대로부터 당신과의 교류를 요구할 수 있도록 만들어라. 그들과 얼굴을 마주할 기회를 되도록 줄이는 것이 좋다. 그러나 당신의 의도를 간파당해서는 안 된다.

좁고 험난한 길을 가라

당신의 영달이 보장받을 수 있는 방향을 진행할 때는 자신의 명예를 유지할 수 있는 범위 내에서 하라. 가난하고 신분이 낮은 청년이 신분이 높은 사람과 권력자의 도움을 받아 출세하고자 하면 실권을 쥐고 있는 교활한 측근의 환심을 사려는 유혹에 빠지고 만다.

그러나 이것이 덫이 되는 경우가 많다. 이런 측근이 오랫동안 권력을 유지할 수 있다고는 장담할 수 없기 때문이다.

반면에 좁고 험난한 길을 간다면 실망하지 않아도 되고, 눈부신 출세까지는 아니지만 적어도 오래 지속되는 성공을 쟁취할 수 있다.

능력을 자랑하지 마라

자신에게는 고도의 식견, 재치, 미덕, 학식, 과학적 지식 등이 있다고 자부하는 높은 사람과 만날 때는 이런 능력에 있어서 자신이 훨씬 뛰어나다고 표현하지 마라. 특히 제자가 있는 곳에서 상대가 알게 해서는 안 된다.

단순히 당신의 흠을 들춰내기 위해 정작 본인은 불가능한 일을 당신에게 요구할 것이다.

상대에게 걸맞은 처우를 하라

질이 좋지 않은 교육을 받지 못한 사람과는 너무 친하게 지내서는 안 된다. 그런 사람은 남의 호의를 악용하거나 불법적인 요구를 하는 등, 점점 심해지는 경향이 있다. 그러므로 누구든 그 사람에게 걸맞은 처우를 해야 마땅하고, 그 사람이 받아야 마땅한 이상의 경의를 표해서는 안 된다.

싫은 것은 단호히 거절하라

도움을 필요로 하는 사람에게는 손을 내밀어 주자. 당신의 지원과 호의를 바라는 사람은 도리에 어긋나지 않는 한 보호해 주자. 그러나 마음이 약해 무언가 부탁을 받으면 거절하지 못하는 것은 바람직하지 않다.

확고한 신념을 가진 사람은 싫은 것은 싫다고 거절할 용기를 가졌다. 상대의 마음을 상하지 않도록 설득력 있는 이유로 거절한다면, 그리고 기꺼이 남을 도울 줄 아는 자비심이 있는 사람이라고 여겨진다면, 자신의 판단에 따라 행동하더라도 적을 만드는 일은 없을 것이다. 모든 사람을 만족시키는 것은 불가능한 일이지만, 수미일관된 현명한 행동을 한다면 적어도 사람들로부터 오해를 받는 일은 없을 것이다. 마음이 약한 것과 착한 것은 별개의 것이다. 받아들일 수 없는 것을 거절했다고 해서 상대를 냉혹하고 무자비한 사람이라고 비난하는 것은 잘못된 일이다.

위엄을 유지하라

아랫사람에게는 친절하게 대응하는 것이 옳지만 위엄을 잃지 않을 정도가 바람직하다. 부하가 없다면 매우 곤란해질 것이고, 부하가 무슨 일을 하든 묵인하는 것은 위험하다. 업무에 대한 능력, 혹은 의욕이 없어 부하에게 의지해야만 하는 직장의 상사로서 일처리를 제대로 하라고 말할 수 있을 정도의 권위도 용기도 없다는 것은 웃음거리이다. 인생이 모든 상황에 있어서 어느 정도의 위엄은 필요하다. 그러나 특히 이렇게 열린 시대에서는 위엄만을 강조해서는 부하가 붙어 있지 않는다. 상사가 딱딱한 존엄만을 강요하지 않는다면 내면적 가치를 통해 존경과 종속은 쉽게 실행될 것이다.

책을 접하는 방법

장대한 양의 위험한 책들이 출판되고 있는 이 시대에 사리분별력이 있다면 사람을 상대하는 것과 마찬가지로 책을 접하는 데 있어서도 신중하고 현명하다. 나는 쓸모없는 책을 읽으며 귀중한 시간을 허비하지 않기 위해 세상에서 독창적이고 가치가 있는 책이라는 평판이 자자하여 주목을 받을 때까지 내 서고에 추가시키지 않는다는 규칙을 지키고 있다. 그리고 신뢰할 수 있는 오랜 벗과의 한정된 교류로 충분히 만족하며 반복적으로 그것들을 펼쳐 읽으면서 새로운 기쁨을 발견하고 있다.

뒤돌아서 후회 않는 사교술

2019년 06월 05일 초판 1쇄 인쇄
2019년 06월 10일 초판 1쇄 발행

지은이 | 아돌프 F. 크니게
옮긴이 | 차전석
일러스트 | 김현빈
펴낸이 | 김정재
펴낸곳 | 나래북. 예림북
북디자인 | 김현빈

등록 | 제2016-000021호
주소 | 경기도 고양시 덕양구 지도로 92, 55 다동 201호
전화 | 031-914-6147
팩스 | 031-914-6148
이메일 | naraeyearim@naver.com

ISBN 978-89-94134-46-8 03320